NEUER REISEFÜHRER
NEAPEL
UND UMGEBUNG

Verlag KINA ITALIA

RUNDGÄNGE

I. Rundgang
PIAZZA MUNICIPIO - MASCHIO ANGIOINO
GALLERIA UMBERTO I
PIAZZA TRIESTE E TRENTO
TEATRO SAN CARLO.

II. Rundgang
PIAZZA DEL PLEBISCITO UND DAS
PIZZOFALCONE-VIERTEL
PALAZZO REALE
SAN FRANCESCO DI PAOLA.

III. Rundgang
SANTA LUCIA - BORGOMARINARO
CASTEL DELL'OVO - VIA CARACCIOLO
AQUARIUM - VILLA PIGNATELLI
RIVIERA DI CHIAIA
MERGELLINA - POSILLIPO
NISIDA - FUORIGROTTA.

IV. Rundgang
VIA TOLEDO
SANT' ANNA DEI LOMBARDI
KIRCHE GESÙ NUOVO
KIRCHE UND KREUZGANG SANTA CHIARA
SAN DOMENICO MAGGIORE
KAPELLE SAN SEVERO.

V. Rundgang
PIAZZETTA NILO
VIA SAN BIAGIO DEI LIBRAI
SAN GREGORIO ARMENO - DOM.

VI. Rundgang
PIAZZA BELLINI
GRIECHISCHE STADTMAUER
SAN PIETRO A MAIELLA
LUKAS-KREUZ - KAPELLE PONTANO
VIA DEI TRIBUNALI - SANTA MARIA MAGGIORE
SAN GIOVANNI A CARBONARA
SANTA CATERINA A FORMIELLO
PORTA CAPUANA.

VII. Rundgang
ARCHÄOLOGISCHES MUSEUM
DIE KATAKOMBEN
MUSEUM VON CAPODIMONTE.

VIII. Rundgang
VOMERO - VILLA FLORIDIANA
CASTEL SANT' ELMO - KARTAUSE SAN MARTINO
MUSEUM SAN MARTINO.

IX. Rundgang
PIAZZA MUNICIPIO E CORSO UMBERTO I
PIAZZA DEL MERCATO
SANTA MARIA DEL CARMINE
PIAZZA GARIBALDI - PIAZZA CARLO III
BOTANISCHER GARTEN.

Umgebung
DER VESUV - POMPEJI
CAPRI - ISCHIA - PROCIDA
PHLEGRÄISCHE FELDER - SORRENT
AMALFITANISCHE KÜSTE.

Einleitung

Die verschiedenen Thesen hinsichtlich der Gründung Neapels sind fraglich und widersprüchlich. Historiker und Archäologen stimmen jedoch darin überein, daß die Stadt durch Griechen gegründet wurde und daß es Ansiedler aus dem nahegelegenen Cumae waren, die die ersten Fundamente der Stadt aushoben. Doch diese genauen Umstände dieses Ereignisses bleiben im Unklaren. Einige behaupten, daß der Name 'Neapolis' d.h. 'neue Stadt' auf die Existenz einer 'alten Stadt' ('Paleopolis') schließen lasse, andere hingegen glauben nicht an ein Neapel älteren Ursprungs und sind der Meinung, die Einwohner von Cumae haben im VI. Jahrhundert v. Chr. zwischen der heutigen Via Foria und dem Meer eine 'Neapolis' genannte Stadt gegründet. Wie immer die Ursprungsgeschichte Neapels aber auch sein mag, kann die Wahl des Standortes nur als glücklich bezeichnet werden: Dank des milden Klimas, einer prachtvollen Natur und des bezaubernden Panoramas auf einen Golf, der zu den schönsten der Welt zählt, begann Neapel schon in der Römerzeit zu expandieren und erlangte bald einen Ruf, den die Stadt im Laufe der nachfolgenden Jahrhunderte unverändert beibehalten sollte. Jahrhunderte einer bewegten und facettenreichen Geschichte, die aus kurzen Zeitperioden autonomer Blüte aber auch aus Hunderten von Jahren der mehr oder weniger wohlwollenden Fremdherrschaft bestand, in der Byzantiner, Goten, Normannen, Staufer, Anjou, Aragonier und Bourbonen zum Teil zahlreiche Zeugnisse hinterließen. Romulus Augustulus, Tankred, Friedrich II., Karl I. von Anjou, Johanna I., Ferdinand I. von Aragonien, Philipp II. von Habsburg, der Vizekönig Don Pedro von Toledo und Joachim Murat hießen die Besitzer Neapels, das sich gezwungen sah, sich den Freizügigkeiten wie den Verrücktheiten, dem Wohlwollen wie auch der Hartherzigkeit, den politischen Strategien wie auch den Racheplänen seiner Herrschaft anzupassen. Beinahe alle dieser Potentaten bescherten der Stadt im Gegenzug großartige Bauwerke oder auch Tyrannei, prachtvolle Gotteshäuser oder blutige Schlachten, Bauwerke zum Nutzen der Bürger oder schwerlastende Steuerabgaben. In diesem ständigen Wechsel von Prunk und Elend, Reichtum und Armut, Frieden und Kriegen, der durch Naturkatastrophen aller Arten unterbrochen war, behielt Neapel seine charakteristischste Eigenschaft, seine Unabhängigkeit, bei. Selbst zu Zeiten, in denen die fremde Vorherrschaft besonders schwer auf der Stadt lastete, zeigte Neapel niemals eine vollkommen Unterworfenheit. Als Beweis können die zahlreichen Volksaufstände, die die Geschichte der Stadt schmücken, oder auch die berühmte Revolte des Volkshelden Masaniello sowie die Belagerungen der Ansitze der verhaßten Herrschaft aufgeführt werden. Doch abgesehen von diesen geschichtlich bedeutsamen Episoden zeichnet sich Neapel durch eine innere, manchmal intellektuelle Unabhängigkeit aus, die in der Tiefe der neapolitanischen Seele ansässig ist und eher als in lautstarken Straßenchören im Schweigen des Einzelnen ihren Ausdruck findet. Eine Unabhängigkeit, die die Neapolitaner jahrhundertelang der nächster Generation vererbten, und die nicht anders als 'typisch neapolitanisch' ausgezeichnet werden kann. Nur vor dem Hintergrund dieser Tradition können das ununterbrochene kulturelle Schaffen, die geistige Freiheit, die unbegrenzte Unternehmensfreudigkeit, der einzigartige Erfindungsreichtum, der Stolz und die Fähigkeit, tausend Schwierigkeiten zu überstehen, die die Geschichte Neapels gezeichnet haben, verstanden werden. Neapel kann im wahrsten und wörtlichsten Sinn des Begriffes als eine Stadt der Kunst bezeichnet werden. In dieser Stadt scheint die Kunst einen fruchtbaren Boden gefunden zu haben, auf dem sie in all ihren Formen, von der Malerei bis zur Musik, von der Dichtkunst bis zur Architektur und vom Theater bis zum Tanz auf spontane und prachtvollste Art aufzublühen versteht. Doch die Spuren dieser Kunst sind nicht nur in den imposanten, einzigartigen Bauwerken zu finden sondern kommen vor allem in den Bürgern Neapels zum Ausdruck, die eine unnachahmliche Lebensart in den Alltag bringen, welche oftmals umstritten oder unverständlich sein mag, immer aber in wenigstens einer ihrer zahlreichen Ausdrucksformen bewundert werden muß. So stellt sich Neapolis tatsächlich als eine immer neue Stadt und gleichzeitig als eine Metropolis des Jahres Zweitausend vor, deren Winkel eine antike, festverwurzelte Kultur ausstrahlen und deren Einwohner eine Einzigartigkeit vermitteln, die über Jahrhunderte unverändert geblieben ist.

Erster Rundgang

Piazza Municipio

Der leicht abschüssige Rathausplatz, lebhafter administrativer und geschäftlicher Mittelpunkt der Stadt, der anläßlich des G7-Treffens 1994 neuangelegt und verschönert wurde, stellt eine elegante Bühne dar, die einlädt, einige der bedeutendsten Schönheiten Neapels zu bewundern. Von diesem großzügigen Platz aus, der in seiner Mitte durch das prachtvolle Denkmal an Vittorio Emanuele II. geschmückt wird (geschaffen im XIX. Jahrhundert von den kampanischen Bildhauern Tommaso Solari und Alfonso Balzico), blickt man zunächst auf den auf dem Platz selbst liegenden Rathauspalast und die Kirche San Giacomo degli Spagnoli und weiter auf Castel Nuovo (auch als Maschio Angioino, Turmkastell der Anjou, bekannt), den Palazzo Reale, den Hafen und sieht in der Ferne auf der einen Seite den Vesuv und, auf der gegenüberliegenden Seite, die grünen Hügel von San Martino, auf denen sich stolz das gleichnamige Kartäuserkloster und Castel Sant'Elmo erheben. Der auf der westlichen Seite liegende, imposante Rathauspalast, der aufgrund der nahegelegenen Kirche auch Palazzo di San Giacomo genannt wird, wurde zwischen 1816 und 1825 nach einem Plan der neapolitanischen Baumeister Luigi und Stefano Gasse für die Minister des bourbonischen Königreiches errichtet. Im rechten Flügel der Palastes befindet sich die Kirche San Giacomo degli Spagnoli, die diesen Namen trägt, da sie im Auftrag des Vizekönigs Don Pedro von Toledo errichtet wurde. Der erste Baustein wurde im Jahre 1500 gelegt, etwa zweihundert Jahre später

jedoch, Mitte des XVIII. Jahrhunderts, wurden einige Umbauten vorgenommen, die das heutige Bild des Gotteshauses prägen. Im Inneren der Kirche mit dem Grundriß eines lateinischen Kreuzes und drei Kirchenschiffen treten wir zunächst in ein Vestibül und stehen dann vor den zahlreichen, vornehmlich aus dem XVI. Jahrhundert stammenden Kunstwerken der großräumigen Apsis. Besonders schön sind die Gemälde und Skulpturen, die die in der Apsis liegenden Grabmäler schmücken. Bemerkenswert vor allem das Grabmal des Don Pedro von Toledo, das von Statuen umgeben ist, welche die vier Haupttugenden darstellen. Auf dem Sockel des Grabmals sind im Relief historische Ereignisse der Stadt dargestellt. Wenn wir das Rathaus verlassen und in Richtung Meer gehen, finden wir auf der linken Seite des Platzes das Theater Mercadante aus dem Jahre 1778; die Hauptfassade dieses Gebäudes wurde allerdings im XIX. Jahrhundert neu errichtet. Am Ende des Rathausplatzes streckt sich im Hafengebiet die breite Angioino-Mole ins Meer hinaus. Sie wurde 1302 im Auftrag von Karl II. von Anjou gebaut und trennt das gegen Ende des XVI. Jahrhunderts vom damaligen Vizekönig geplante Angioino-Hafenbecken vom Handelshafen ab, der unter Karl II. von Anjou gebaut und später von seinen Nachfolgern erweitert und vervollständigt wurde.

Piazza Municipio und Castel Sant'Elmo

Maschio Angioino

Das Turmkastell der Anjou erhebt sich auf der Südseite des Rathausplatzes auf einer Anhöhe, die das Gebäude noch eindrucksvoller und majestätischer erscheinen läßt. Das unter dem Namen Castel Nouvo bekannte Gebäude wurde, um es vom älteren Castel dell'Ovo und von Castel Capuano zu unterscheiden, in Erinnerung an seinen Gründer Karl I. von Anjou 'Maschio Angioino' genannt, der es zwischen 1279 und 1282 errichten ließ, um hier seinen Wohnsitz zu nehmen. Um die schweren Schäden vergessen zu machen, die im Laufe des XV. Jahrhunderts, als blutige Kriege das Königreich aufsuchten, den Turm stark beschädigten, ließ Alfons von Aragonien das Turmkastell fast vollständig neu erbauen. Als wichtigstes Element des ursprünglichen Bauwerks ist die Palatina-Kapelle erhalten geblieben, in dem heute zum städtischen Museum gehörende Skulpturen und Fresken aus dem XIV. und XV. Jahrhundert zu finden sind; die ebenfalls zum Museum gehörenden Gemälde aus dem XV. und dem XX. Jahrhundert sowie die Silber- und Bronzeskulpturen sind hingegen in den drei Stockwerken des Südflügels des Kastells untergebracht. In der ersten Hälfte des XVI. Jahrhunderts wurden die runden Außenbastionen, die einige Jahre zuvor von Antonio da Settignano aus Florenz für die Artillerie des Königs der Aragonier angelegt worden waren, durch spanische Bollwerke ersetzt (von denen eines im Jahre 1536 infolge einer Explosion des in dieser Bastion gelagerten Schießpulvers vollkommen zerstört wurde). Die wichtigsten baulichen

1

2

1) Piazza Municipio - Brunnen
2) Maschio Angioino (Anjou-Wachtturm)

Veränderungen wurden jedoch vor allem im XVIII. Jahrhundert vorgenommen. Schließlich, zu Beginn des zwanzigsten Jahrhunderts, wurden auf der Grundlage historischer Darstellungen des Turms bedeutende Arbeiten der Restaurierung und des partiellen Neubaus durchgeführt, die dem Maschio Angioino sein heutiges Erscheinungsbild gaben. Castel Nuovo hat einen trapezförmigen Grundriß, fünf mächtige, zinnenbesetzte Rundtürme, die vollkommen mit Peperin (einem grauen Tuffstein vulkanischen Ursprungs) bedeckt sind und einen Graben, der die gesamte Burg umgibt. Zwischen den beiden Türmen am Eingang auf der Westseite (Wachturm und Mittelturm) spannt sich der berühmte, imposante Triumphbogen. Er wurde zu Ehren des Einzugs von Alfons I. in Neapel am 26. Februar 1443 von zahlreichen Künstlern (darunter Domenico Gagini und Francesco Laurana, viele der Künstler konnten bis zum heutigen Tage nicht identifiziert werden) geschaffen. Die Huldigung an dieses feierliche Ereignis kommt bestens zum Ausdruck in den Reliefs auf den korinthischen Säulen des ersten Bogens, die Alfons I. mit seiner Familie und weitere Mitglieder des Königshauses darstellen. Über dem ersten Bogen öffnet sich ein weiter Vorraum mit dem eigentlichen Triumphrelief; darüber ein zweiter Bogen (auf ionischen Säulen) mit einem weiteren Aufsatz, der von vier Statuen (die Enthaltsamkeit, die Tapferkeit, die Gerechtigkeit und die Hochherzigkeit darstellend) geschmückt wird, die in elegant gestalteten Nischen sitzen. Das Bauwerk hat in der Darstellung zweier Flüsse und der Statue des Hl. Michael seinen Höhepunkt. Ein Rundgang um das Kastell gibt uns vortreffliche Gelegenheit, den Baustil der kleinen Festungen aus dem XIV. und dem XVIII.

Jahrhundert zu begutachten. Links vom Eingang ist der St. Georgsturm vor einem durchgehenden Mauerwerk (im XVIII. Jahrhundert neuangelegt), das sich über die gesamte Nordseite des Kastells zieht und mit dem Beverello-Turm endet. Hinter dem Turm können wir einige Fenster des im Innenhof liegenden Saal der Barone erkennen. Die auf das Meer blickende Ostseite des Kastells wird von einer Apsis mit der Palatina-Kapelle getrennt, einem der wichtigsten, bis heute erhalten gebliebenen ursprünglichen Elemente des Kastells aus dem vierzehnten Jahrhundert. Es folgt der deutlich vorspringende Hauptteil des Bauwerks, über dem zwei übereinanderliegende Bogengänge zu erkennen sind (XV. und XVI. Jahrhundert), die sich bis hin zum fünften Turm ziehen, der als einziger nicht mit Peperin bedeckt ist. Eine weitere Wallmauer, über die sich eine Loggia spannt, verbindet diesen Turm (der Torre dell'Oro, Goldturm, genannt wird, da die Aragonier hier ihre Schätze aufbewahrten) mit dem neben dem Triumphbogen liegenden Wachtturm. Unter dem Triumphbogen hindurch treten wir zunächst in ein Atrium mit einer Gewölbedecke, die eindeutig auf den spanischen Baustil des Kastelles hinweist, und schreiten dann in den Innenhof. Der Hof mit viereckigem Grundriß ist von Gebäuden aus dem siebzehnten (von West nach Nord) und dem sechzehnten Jahrhundert (im Süden) eingefaßt. Aus dem XV. Jahrhundert ist ein Portikus aus grauem Stein mit achteckigen Pfeilern erhalten. Auf der Ostseite erblicken wir auf die Fassade des Baronensaals (daneben eine besonders reich verzierte Treppe, die zum ursprünglichen Bauwerk gehörte), auf die Palatina-Kapelle und schließlich auf die Gemächer, die dem Vizekönig vorbehalten waren. Der Saal der Barone (in dem heute der Gemeinderat tagt) wurde in der ersten Hälfte des XV. Jahrhunderts vom spanischen Baumeister Guglielmo Sagrera geschaffen; er besteht aus einem geräumigen, rechteckigem Salon, der insbesonders aufgrund seiner hohen, oktagonalen Gewölbedecke mit den Darstellungen der Unternehmungen der aragonesischen Herrscher zu bewundern ist; durch den Salon zieht sich ein Wandelgang mit mehreren, zum Innenraum hin blickenden kleinen Fenstern. Auf der zum Meer hin liegenden Wand erhebt sich zwischen zwei großen Fenstern ein großartiger Kamin. Der Salon war einst über das sogenannte Triumphportal (links vom Eingang) mit allen königlichen Gemächern verbunden; im Jahre 1919 richtete ein Brand im gesamten Saal große Schäden an und zerstörte die auf beiden Seiten des Triumphportals angebrachten, von Domenico Gagini und Francesco Laurana geschaffenen Basreliefs auf irreparable Weise. Rechts vom Baronensaal liegt die Palatina-Kapelle aus dem vierzehnten Jahrhundert, die auch Kirche der Santa Barbara oder St. Sebastianskirche genannt wird und im Aufrag der Anjou errichtet wurde. Besonders schön ist das Marmorportal der Kapelle mit seinen kunstvollen Reliefarbeiten aus dem fünfzehnten Jahrhundert, die die Geburt Christi, eine von Engeln umgebene Gottesmutter und noch einmal die Heilige Jungfrau darstellen. Die über dem Portal liegende Rosette wurde im XV. Jahrhundert von spanischen Künstlern geschaffen, um die ursprüngliche Rosette zu ersetzen, die beim Erdbeben von 1456 zerstört worden war. Die strenge Anlage des Innenraums der einschiffigen Kapelle wird von schlanken gotischen Einzelbogenfenstern belebt, die einstmals mit Fresken aus der toskanischen Schule verziert waren und verschiedene Bildmotive darstellten, von denen heute nur noch wenige Spuren erkennbar sind. Besondere Eleganz strahlt das Ziborium aus dem fünfzehnten Jahrhundert aus, das an der linken Wand des mit einer Reliefdarstellung des Letzten Abendmahls geschmückten Chorraumes liegt. Links vom Presbyterium führt eine Wendeltreppe mit über einhundert Stufen in den angrenzenden Saal der Barone. Eine weitere (heute zugemauerte) Wendeltreppe verband die Kapelle einstmals mit einem recht makaberen Raum, der im Volksmund unter dem Namen 'Keller der Baronenverschwörung' bekannt ist. In diesem unterirdischen Raum liegen in offenen Särgen vier Mumien aus dem XV. und dem XVI. Jahrhundert; besonders erschreckend ist eine dieser Mumien mit gefesselten Händen und Gesichtszügen, die ohne Zweifel auf einen gewaltsamen Erstickungstod schließen lassen. Die Mauern des Kastells wurden im Laufe der Jahrhunderte Zeugen der unterschiedlichsten und oftmals tragischen Ereignisse. So war der Maschio Angioino einerseits als Zeugnis für das Kunst- und Kulturverständnis der hier residierenden Königshöfe ständiger Wohnsitz von Dichtern, Schriftstellern, Humanisten und berühmten Gelehrten wie unter anderem Francesco Petrarca, Boccaccio, Lorenzo Valla und Bartolomeo Facio und Künstlern von unbestrittenem Ruf (sogar Giotto wurde im XIV. Jahrhundert von König Roberto hergerufen, um den Maschio Angioino mit einigen Fresken auszuschmücken, die heute leider nicht mehr erhalten sind); auf der anderen Seite war das Kastell als verhaßtes Symbol für die Macht des Königs, der in bitteren Kämpfen Franzosen gegen Spanier und die Neapolitaner gegen die frem-

Portal des Maschio Angioino (Ausschnitt)

den Herren antreten ließ, gleichzeitig auch der Schauplatz für einige der grausamsten und bedeutendsten Ereignisse in der Geschichte Napolis. Unter anderem verzichtete hier der Pontifex Celestino V., der von Dante in der Göttlichen Komödie als 'feiger Entsager' bezeichnet wurde, im Jahre 1294 auf die Papstwürde. Eines der sicherlich berühmtesten und gleichzeitig grausigsten Ereignisse, das Castel Nuovo in den Mittelpunkt der Geschichte stellte, trug sich im Sommer des Jahres 1486 zu, als Ferdinand I. unter dem Vorwand der Vermählung einer Nichte die führendsten Barone des Köngigreiches an seinen Hof rief und mehrere von ihnen unter der (berechtigten) Anklage der Verschwörung festnehmen und hinrichten ließ. Als das Symbol der königlichen Macht wurde Castel Nuovo mehrmals von den Bürgern Neapels erstürmt, die so ihren Widerstand und ihren Protest zum Ausdruck bringen wollten. Dies war beispielweise im Jahre 1346 der Fall, als sich die Nachricht von der Ermordung des Gatten Johannas I., Andreas von Ungarn, verbreitete, die diesen zusammen mit einer Gruppe von Verschwören und dem Bruder jenes Ludwigs von Ungarn ermorden ließ, der zwei Jahre später das Kastell belagerte und die Königin zwang, nach Frankreich zu flüchten.

Galleria Umberto I

Vom Rathausplatz aus erreichen wir über die elegante Via San Carlo bummelnd das rechts von uns liegende, stattliche, nach König Umberto I. benannte Bauwerk, eines der majestätischsten in ganz Italien. Die imposante Galerie, die ganz nach der Stadtplanung des XIX. Jahrhunderts als verbindende Passage angelegt wurde, ist das Werk des neapolitanischen Baumeisters Emanuele Rocco, das dieser mit der Unterstützung zwei weiterer Architekten zwischen 1887 und 1891 schuf. Auf der großzügigen achteckigen Grundstruktur ruht eine von Paolo Boubée entworfene, eindrucksvolle Kuppel, die (wie auch die gesamte Galerie) aus einem Eisenrahmen und Glasscheiben besteht und an ihrer höchsten Stelle 57,5 Meter erreicht. Die prächtige Kuppel erteilt dem gesamten Bauwerk eine beachtenswerte Leichtigkeit, die perfekt zu den lichten großen Lünettenfenstern und den großzügigen Auslegern der Passage paßt. Besonders wertvoll ist die Dekoration der Innenwände, die in zwei obere Ebenen unterteilt sind und auf den Pfeilern des unteren Geschosses ruhen; gleichartig prachtvoll und erhaben präsentiert sich das kunstvoll gestaltete Äußere der Gallerie. Unter der tragenden Struktur der Passage liegt ein kreisrunder, mit Motiven im Stil der Belle Époche verzierter Saal, das Teatro Margherita.

Piazza Trieste e Trento

Wenn wir die Galleria Umberto I. verlassen und über die Via San Carlo weitergehen, erreichen wir diesen kleinen Platz, in dessen Mitte ein schöner Springbrunnen steht. Der Platz war vormals wegen der gleichnamigen Kirche unter dem Namen Piazza San Ferdinando bekannt, deren Fassade sich harmonisch in die irreguläre Geometrie des Platzes einfügt. Das Gotteshaus, das im XVII. Jahrhundert errichtet und gleich darauf umgebaut wurde, gehörte erst den Jesuiten, die es dem Heiligen Franz Xaver geweiht hatten; in der zweiten Hälfte des XVIII. Jahrhunderts wurde die Kirche zu Ehren des Königs Ferdinand von Bourbon umgetauft. An Franz Xaver erinnern jedoch weiterhin die meisten Gemälde im einschiffigen Innenraum der Kirche, während König Ferdinand in einem Gemälde des neapolitanischen Meisters Filippo Maldarelli aus dem neunzehnten Jahrhundert auf dem Hochaltar dargestellt ist.

1) Piazza Trieste e Trento
2) Galleria Umberto I

1

L.FIERRO
SEIKO
BAR GIU

Teatro San Carlo

An der Straßenmündung zwischen Piazza Trieste e Trento und der Via San Carlo wartet eines der prachtvollsten und schönsten Bauwerke auf uns, das Karl von Bourbon während seiner neapolitanischen Herrschaft errichten ließ. Das Teatro San Carlo, das in der Rangordnung gleich nach der Mailänder Scala aufzuführen ist (die nur vierzig Jahre später gebaut wurde und sich gemeinsam mit dem Teatro San Carlo einer der führendsten italienischen Ballettschulen rühmen kann), ist ohne Zweifel eine der berühmtesten und bedeutendsten Hochburgen der Opern - Kunst. Das prachtvolle Bauwerk wurde in kürzester Zeit (in nur acht Monaten) im Jahre 1737 nach den Plänen des sizilianischen Architekten Giovanni Antonio Medrano errichtet und am 4. November des gleichen Jahres anläßlich des Namenstages des Königs mit der Aufführung einer Oper von Metastasio feierlich eingeweiht. Der Saal des kurz darauf umgebauten und weiter verschönerten Gebäudes (der Vorraum und die Loggia der Fassade stammen aus den ersten Jahrzehnten des XIX. Jahrhunderts) wurde bei einem Brand im Februar des Jahres 1816 vollständig zerstört. Wie auch schon der Bau des Theaters wurde der Saal in kürzester Zeit wiederhergerichtet, so daß der Florentiner Baumeister Antonio Niccolini der Stadt Neapel ihr berühmtes Theater bereits im Sommer des gleichen Jahres stolz übergeben konnte. Weitere Restaurationen und Umbauten folgten bis zum Anfang des XX. Jahrhunderts, als das Dach des Gebäudes erhöht und die etwa 33 x 34 Meter breite Bühne sowie die Inneneinrichtung des Theaters neu gestaltet wurden. Der Innenraum des Theaters, der bis zu dreitausend Zuschauer faßt, überzeugt durch seine pracht-

1 vollen Golddekorationen, so daß Stendhal schrieb: "Der erste Eindruck ist, sich in den Palast eines orientalischen Herrschers verlaufen zu haben [...]." Dennoch steht das prachtvolle Gold nicht im Gegensatz zur klassischen Eleganz des gesamten Saals, der durch eine majestätische Hauptbühne beherrscht wird, auf der 184 weitere, auf sechs Ebenen aufgeteilte und mit prachtvoll dekorierten Balustraden geschmückte Bühnen thronen. Die Gewölbedecke ist mit mythologischen Szenen freskiert, die Minerva und die berühmtesten griechischen, römischen und italienischen Dichter darstellen. Aus der Mythologie stammt auch die im neunzehnten Jahrhundert entworfene Szene auf dem Bühnenvorhang (Homer und die Musen mit Sängern und Musikanten). Das für seine vollkommene Akustik in der ganzen Welt berühmte Teatro San Carlo kann sich der Uraufführung zahlreicher berühmter Opern rühmen, darunter die 'Nachtwandlerin' von Vincenzo
2 Bellini.

1) Teatro San Carlo
2) Teatro San Carlo: Innenraum

Zweiter Rundgang

Piazza del Plebiscito und das Pizzofalcone-Viertel

Von der Piazza Trieste e Trento aus erreichen wir am Palazzo Reale entlanggehend den nahegelegenen Platz "del Plebiscito". Der prachtvolle, große Platz mit rechteckigem Grundriß liegt zu Füßen des Monte Echia (bis zum XIII. Jahrhundert als 'Pizzofalcone' bekannt) und wird auf der Westseite von einem wunderschönen, halbelliptischen Bogengang eingefaßt, der im Jahre 1809 im Auftrag des Vizekönigs Joachim Murat von Leopoldo Laperuta angelegt wurde. Die nach dorischer Bauweise angeordnete Säulenreihe rahmt wie in einem Bühnenbild die in der Mitte liegende prachtvolle Fassade der aus der gleichen Zeitperiode stammenden Basilika von S. Francesco di Paolo ein (siehe nachstehende Beschreibung). Gegenüber der Basilika erheben sich zwei Reiterstatuen, die Ferdinand I. als den Auftraggeber zum Bau der Basilika und Karl III. von Bourbon darstellen; die Statuen stammen von den Bildhauern Antonio Cali und dem berühmteren Antonio Canova. Den Plänen des neapolitanischen Baumeisters Laperuta hingegen entstammt der am nördlichen Ende des Platzes liegende Palazzo della Prefettura (IX15). Auf der Südseite des Platzes, an der Ecke zur Via Cesario Console, erhebt sich der gegen Ende des XVIII. Jahrhunderts errichtete Palazzo Salerno. Die dem Säulengang gegenüberliegenden Seite wird gesamtheitlich vom imposanten Palazzo Reale eingenommen (siehe nachstehende Beschreibung), dessen Fassade aus dem siebzehnten Jahrhundert eine Länge von 170 Metern einnimmt. Unmittelbar hinter der Westseite des Platzes liegt das charakteristische Viertel von Pizzofalcone, das nach der Anhöhe, einem Ausläufer des Kraters des Monte Echia, benannt ist, auf der es sich erstreckt. Die Anhöhe, die zur Zeit der alten Römer für die prachtvolle Villa Lucullo bekannt war, die auf diesem Hügel lag, wurde zunächst, gegen Mitte des I. Jahrhunderts n. Chr., zu einen Festungsort, später Sitz von Zönobien, Klosterbauten und Kirchen, um im XIV. Jahrhundert erneut im Auftrag von Alfons I. von Aragonien zu Zwecken der Verteidigung befestigt zu werden. Schließlich, zwischen dem XVI. und dem XVIII. Jahrhundert, verwandelte sich die Festung in ein Stadtviertel mit zahlreichen Häusern und prächtigen Wohnpalästen. Zwischen dem Jahre 1927 und 1930 wurde gleich unter der Anhöhe die Galleria della Vittoria angelegt, ein imposantes Bauwerk von über sechshundert Metern Länge, das den Ostteil der Stadt mit dem westlichen Napoli verbinden sollte. Wenn wir auf der Piazza del Plebiscito in Höhe des Palazzo Salerno nach rechts gehen, erreichen wir über eine Stiegenrampe die Piazzetta Salazar. Hier ist im Kunstinstitut (1878) ein kleines Museum untergebracht, in dem eine interessante Kunstgewerbesammlung ausgestellt wird. Zu bewundern sind wertvolle handgemachte Fabrikate aus verschiedenen Epochen, die von prachtvollen orientalischen Stoffen aus dem V. Jahrhundert bis zu ausgesuchten Objekten aus dem siebzehnten Jahrhundert aus der Manufaktur von Capodimonte reichen. Vom Museum aus schlagen wir die links von uns liegende Via Solitaria ein, gehen danach rechts die Via Egiziaca a Pizzofalcone herunter (auf der die Kirche Santa Maria Egiziaca a Pizzofalcone aus dem siebzehnten Jahrhundert, mit wertvollen Marmorausstattungen im Inneren, sowie der Palazzo Carafa di San Severino liegen). Danach erreichen wir über die Via Nunziatella schließlich Via Parisi und stehen vor dem Nunziatella-Gebäude aus dem Jahre 1588 mit der angrenzenden Kirche aus dem XVIII. Jahrhundert, in der wertvolle Gemälde und Skulpturen auf uns warten. Rechts von der Via Parisi geht die elegante Via Monte di Dio ab, auf der einige der schönsten Herrenhäuser aus dem XVIII. Jahrhundert liegen, darunter der vom neapolitanischen Architekten Ferdinando Sanfelice entworfene Palazzo Serra di Cassano, der mit seinem schmückenden Bauwerk und seiner originellen Inneneinrichtung besonders zu erwähnen ist. Am Ende der Straße angelangt, erhebt sich auf der linken Seite auf dem gleichnamigen Platz die Kirche Santa Maria degli Angeli a Pizzofalcone mit ihrer wunderschönen Barockfassade und ihrer majestätischen Kuppel. Im Inneren des vom toskanischen Meister Francesco Grimaldi Anfang des XVII. Jahrhunderts gebauten Gotteshauses mit drei Kirchenschiffen und Seitenkapellen finden wir interessante Gemälde von Luca Giordano ('Die Heilige Familie und der Hl. Jordan') sowie eine meisterhaft ausgemalte Kuppel, in der das Paradies dargestellt wird. Von der Piazza Santa Maria degli Angeli aus erreichen wir die Via Gennaro Serra entlanggehend die gleich hinter dem Palazzo della Prefettura liegende Piazzetta Carolina und kommen von hier aus auf die Piazza Plebiscito zurück.

Piazza Plebiscito: Reiterdenkmal

Palazzo Reale

Gebaut wurde der Königspalast als Residenz des Vizekönigs Fernandez Ruiz de Castro, des Grafen von Lemos, nach den Plänen des Tessiner Architekten Domenico Fontana zwischen 1600 und 1602. Das mächtige Bauwerk nimmt eine Fläche ein, die sich von der Via San Carlo über die Via Parco del Castello, die Via Ammiraglio Acton bis hin zur Piazza del Plebiscito erstreckt, auf den die majestätische Hauptfassade blickt. Mitte des XVIII. Jahrhunderts und vor allem, was die Innenräume betrifft, Anfang des nachfolgenden Jahrhunderts, wurde das Gebäude mehrmals erweitert und umgebaut. Ein Brand im Jahre 1837 zerstörte große Teile des Palastes, der daraufhin restauriert wurde; während dieser Arbeiten ließ Ferdinand II. den Baumeister Gaetano Genovese an der Südfassade beträchtliche Veränderungen vornehmen. Um die schweren Schäden zu beheben, die der Palast während der Bombenangriffe im zweiten Weltkrieg erlitten hatte, waren weitere Sanierungsarbeiten notwendig geworden. Die Hauptfassade, die in zwei Ebenen unterteilt ist und sich über einem Portikus erhebt, ist, abgesehen vom Innenhof, als einziges Element vom ursprünglichen,

im siebzehnten Jahrhundert angelegten Bauwerk erhalten geblieben. Mitte des XVIII. Jahrhunderts ließ Luigi Vanvitelli den Portikus teilweise verändern und einige Arkaden in geschlossene Nischen umbauen, so daß das heutige, durch einen ständigen Wechsel von geschlossenen und offenen Arkaden geprägte Erscheinungsbild entstand. Zunächst blieben die auf diese Art entstandenen acht Nischen leer; im Jahre 1888 ließ Umberto I. dann acht Statuen aufstellen, die von damaligen Künstlern geschaffen worden waren und die Großen der Herrscher Neapels darstellten: von links aus sehen wir, in chronologischer Ordnung aufgestellt, den Normannen Roger, Friedrich II. von Staufen, Karl I. von Anjou, Alfons I. von Aragonien, Karl III. von Bourbon, den Vizekönig Joachim Murat und Vittorio Emanuele II. von Savoia. Durch den Haupteingang von der Piazza del Plebiscito aus kommen wir zunächst in den großzügigen, quadratisch angelegten Innenhof, der im XVII. Jahrhundert von Domenico Fontana entworfen worden war und von einem schönen Portikus und einer darüberliegenden Loggia verschönert wird. Im Atrium finden wir das berühmte Bronzetor, das ursprünglich den unteren Bogen des Triumphbogens von Castel Nuovo schmückte. Das Tor war im Auftrag Friedrichs I. von Guglielmo Monaco da Parigi

1

1) Palazzo Reale: Hauptmannszimmer - Fresko von A. Vaccaro

geschaffen worden (1462-1468), um den Sieg Friedrichs über Johannes von Anjou und seine rebellischen Barone zu zelebrieren; die bedeutendsten Episoden dieses Sieges sind in wunderschönen Basreliefbildtafeln dargestellt. Die monumentale Freitreppe wurde Mitte des XVII. Jahrhunderts gebaut und zwischen 1838 und 1842 im Rahmen von Restaurationsarbeiten unter der Aufsicht des Baumeisters Gaetano Genovese umgebaut und mit neuen,

2) Palazzo Reale: Fassade

2

prachtvollem polichromem Marmor geschmückt. Sie führt vom Atrium bis in das erste Stockwerk in die historischen Gemächer, die der Sitz der Vizekönige und später der Könige der bourbonischen Dynastie waren, bis im Jahre 1837 ein Brand die Herren zwang, in das darüberliegende Stockwerk umzuziehen. Nach einem Besuch des Hoftheaters, das 1768 erbaut und Mitte des XX. Jahrhunderts nach schweren Bombenangriffen des zweiten Weltkrieges in großen Teilen renoviert wurde (die Innendekoration des Saals, die durch die Bomben vollkommen zerstört worden war, wurde von mehreren Künstlern des zwanzigsten Jahrhunderts neu gestaltet), betreten wir das Museum, das in den prachtvoll ausgestatteten Sälen des Palastes untergebracht ist. Hier bewundern wir wertvolle Möbel, Gemälde und zahlreiche zeitgenössische Gegenstände, die teilweise auf Geheiß Joachim Murats und Caroline Bonapartes aus den Pariser Tuilerien hierher gebracht worden waren. In den verschiedenen Sälen (der zentrale Salon mit dem schönen Balkon, auf dem sich die Könige einst dem Volke zeigten, der Thronsaal, der Botschaftersaal, das Gebetszimmer der Maria Christina, der ersten Gattin Friedrichs II., u.a.) finden wir zahlreiche Werke von unschätzbarem künstlerischem und historischem Wert: Möbel im Stil des Barock, des

1 

1) Palazzo Reale: Eingang

 2

2) Palazzo Reale: Treppe (Ausschnitt)

Klassizismus und des Empire, prachtvolle antike Spiegel und Leuchter, wertvolle Gobelins, die die vier Naturelemente darstellen, sowie weitere vier Wandteppiche mit dem gleichen Motiv, die im XVIII. Jahrhundert in Neapel gefertigt worden waren, kunstvoll gestaltete Vasen aus chinesischem Porzellan, die nicht weniger wertvollen Vasen von Sevres und Limoges, geschmiedete Bronzeobjekte (besonders schön der kleine Käfig mit Einsätzen aus französischem Porzellan), Uhren und Konsolen, prachtvolle Fresken auf Gewölben und Wänden, Portraits, Stilleben und schließlich die Gemälde berühmter Meister der Malerei des sechzehnten (Tizian, um stellvertretenderweise nur einen zu nennen, ist mit dem Bildnis des Pier Luigi Farnese vertreten) und siebzehnten Jahrhunderts ('Johannes der Täufer' von Guido Reni, 'Die Gottesmutter mit dem Kinde und dem Hl. Bruno' von Giuseppe Ribera, ' Die Verzückung des Hl . Josef ' von Guercino, ' Die Rückkehr des verlorenen Sohns' von Mattia Preti). Der Palazzo Reale ist aber auch Sitz der reich ausgestatteten Nationalbibliothek von Neapel, die schon im Jahre 1804 den Bürgern offenstand. Die Bibliothek, die auf der Grundlage eines ursprünglichen Grundstocks entstand (der Sammlung der Familie Farnese, die Karl von Bourbon anläßlich seiner Thronbesteigung nach Neapel kommen ließ), wurde mit der Zeit über den Ankauf weiterer wichtiger Bestände erweitert, darunter die 'Papyruswerkstatt' von Herkulaneum, zu der etwa zweitausend Papyrusrollen zählen, die 1752 bei den Ausgrabungen in der Villa Herkulaneum gefunden wurden. Zum wertvollen Bibliotheksbestand gehören Manuskripte aus dem III. Jahrhundert, Evangelien aus dem V. und IX. Jahrhundert, Miniaturhandschriftensammlungen aus dem fünften und sechsten Jahrhundert, Inkunabeln aus dem XV. Jahrhundert sowie historischen Buchausaben, Briefe und andere seltene Dokumente.

Palazzo Reale: Thronsaal

San Francesco di Paola

Genau gegenüber dem Königspalast erhebt sich auf der anderen Seite der großen Piazza del Plebiscito die majestätische Basilika San Francesco di Paola mit ihrem großartigen, von dorischen Säulen gestützten, halbkreisförmigen Portikus, der zu Beginn des XIX. Jahrhunderts im Auftrag von Joachim Murat errichtet wurde. Die Basilika selbst (deren Bau 1817 begonnen und erst im Jahre 1846 beendet wurde) wurde, wie auch in einer Inschrift auf der Frontfassade zu lesen ist, auf Geheiß von Ferdinand I. von Bourbon errichtet, der sich so beim Patronheiligen für die Rückgabe seines Königreiches bedanken wollte, die am 20. Mai 1815 durch den Staatsvertrag von Catalanza sanktioniert worden war. So vereinigt das prächtige Bauwerk, sei es aufgrund eines zufälligen Zusammenfallens von Ereignissen, sei es aufgrund eines genau studierten Plans, zwei Figuren, die in der Geschichte ärgste Feinde waren. Der Urheber des kunstvollen Bauwerks, der Tessiner Baumeister Pietro Bianchi, inspirierte sich weitgehend am römischen Pantheon: Die Basilika wird von einer stolzen Kuppel abgeschlossen, die auf einem eindrucksvollen Tambour ruht. Die elegante Vorhalle wird von sechs zentralen Säulen und zwei Seitenpfeilern in ionischer

1

Anordnung gestützt, über denen ein dreieckiges Tympanum thront, in dessen Mitte eine der Religion gewidmete Statue und an den Seiten die Statuen des Ferdinand von Castiglia und des Hl. Franziskus von Paola zu erkennen sind.
Durch das Atrium, an dessen Seiten zwei Kapellen angrenzen, kommen wir in die wunderschöne Innenrotunde, die von einem Säulengang mit 34, in korinthischer Ordnung aufgestellten Marmorsäulen sowie von 34 außerhalb der Säulenreihe befindlichen Pfeilern eingefaßt ist. Der große Raum (mit einem Durchmesser von gut 34 Metern) wird von einer eindrucksvollen Kuppel überragt, die an ihrer Spitze 53 Meter hoch ist. Der gegenüber dem Eingang liegende Hochaltar mit seiner kostbaren Verzierung aus Edelsteinen und Halbedelsteinen stammt vom neapolitanischen Meister Fra' Anselmo Cangiano,

1) Die Kirche San Francesco di Paola vom Königspalast aus gesehen
2) Piazza Plebiscito und die Kirche San Francesco di Paola

2

der den Altar, der später hierher gebracht wurde, Mitte des XVII. Jahrhunderts ursprünglich für die Kirche der Heiligen Apostel geschaffen hatte. An den Wänden im Innenraum der Basilika stehen acht Statuen, die von verschiedenen Künstlern des neunzehnten Jahrhunderts stammen; beachtenswert sind insbesonders die kunstvollen Statuen, die die vier Evangelisten darstellen, sowie die Gruppe, die dem Heiligen Franziskus von Paola gewidmet ist, dem ein Engel das Zeichen der Barmherzigkeit überreicht. In der Apsis sollten wir auf jeden Fall mehr als einen Blick auf das Gemälde des römischen Meisters Vincenzo Camuccini werfen, das den Heiligen Franziskus von Paola darstellt, wie er einen Toten zum Leben erweckt.

Dritter Rundgang

Von Santa Lucia a Mare bis nach Borgo Marinaro

Wenn wir von der Piazza del Plebiscito aus hinter dem Palazzo Salerno die zum Meer hinabführende Via Cesario Console einschlagen, erreichen wir bald die Via Santa Lucia. Die Hauptstraße, an der einstmals nur die bescheidenen Häuser der Fischer lagen, wurde bereits im XVII. Jahrhundert umgebaut und erweitert, um bald eine der schönsten Straßen Neapels zu werden. Auf der linken Straßenseite entlanggehend erreichen wir bald die kleine Kirche von Santa Lucia a Mare, deren Namen den Schluß nahelegt, daß die Kirche ursprünglich am Meerufer errichtet worden war. (Entgegen der volkstümlichen Auffassung, der Ursprung des Gotteshauses führe direkt auf die Zeit des römischen Kaisers Konstantin zurück, wurde die Kirche mit fast absoluter Sicherheit erst kurz vor Beginn des IX. Jahrhunderts gebaut). Das ursprüngliche Gebäude wurde gegen Ende des XVI. Jahrhunderts durch eine Kapelle ersetzt, was nur der erste Schritt von zahlreichen und nicht immer gelungenen Umbauarbeiten war. So wurde der Bau aus dem sechzehnten Jahrhundert gegen Mitte des XIX. Jahrhunderts durch einen Neubau ersetzt, an dessen Stelle wiederum das heute zu sehende Gotteshaus trat, da die alte Kirche von den Bomben des zweiten Weltkrieges zerstört worden war. Doch auch wenn der historische Baustil in der

1

Außenfassade nicht zum Ausdruck kommt, sind im Inneren der Kirche wertvolle Zeugnisse der antiken Kunstgeschichte zu finden. Besonders erwähnenswert ist ein bogenförmig angelegtes Gemälde aus der neapolitanischen Schule, das einen Rosenkranz darstellt und aus der Zeit der zweiten Kirche stammt (zweite Hälfte des XVI. Jahrhunderts). Aus dem achtzehnten Jahrhundert hingegen stammt die eindruckvolle Holzstatue der Hl. Lucia, die ebenfalls der neapolitanischen Schule zuzuordnen ist. Wenn wir die Via Santa Lucia eine kurze Strecke zurückgehen und rechts erneut in die Via Cesario Console einbiegen, kommen wir bis ans Meer. In der Nähe der Kreuzung mit der Via Ammiraglio Acton erhebt sich in einem schönen Park die majestätische Statue des Kaisers Augustus (1936). Von hier aus biegen wir erneut nach rechts ab und erreichen bald die Strandpromenade (Via Nazario Sauro). Bei unserem Bummel, bei dem wir wunderschöne Aussichten auf die Stadt und das offene Meer genießen, begegnen wir schließlich einem Umberto I. gewidmeten Denkmal, das 1910 vom neapolitanischen Bildhauer Achille d'Orsi geschaffen wurde. Am Ende der Promenade angelangt, stehen wir vor dem 'Brunnen der Unbefleckten Empfängnis' (Fontana Immacolatella), der im XVII. Jahrhundert hier, an einer der schönsten Stellen der Stadt, angelegt wurde. Der Marmorbrunnen unterteilt sich in drei Bögen (der zentrale Bogen liegt über den beiden seitlichen Bögen) und ist reich mit Statuen, Karyatiden und anderen schmückenden Elementen

2

1) Der Immacolata-Brunnen
2) Borgo Marinaro

besetzt. Hinter dem Brunnen beginnt die Via Partenope, die gleich auf den links liegenden Ort Borgo Marinaro zuführt. Der Ort, der auf einer felsigen Anhöhe liegt und auf den kleinen Hafen von S. Lucia blickt, ist eines der charakteristischsten Viertel Neapels; hier treffen wir auf die traditionellen Gewohnheiten des neapolitanischen Alltags, die in anderen Teilen der Stadt nur noch schwerlich zu finden sind. Die buntfröhliche Lebhaftigkeit von Borgo Marinaro steht im krassen Gegensatz zum unterkühlten, strengen Erscheinungsbild einer der berühmtesten Festungen Neapels, dem Castel Nuovo, einer legendenumwobenen Burg, die Zeuge und Erbe von Jahrhunderten der neapolitanischen Geschichte ist. Borgo Marinaro erreicht man ebenfalls von der Kirche Santa Lucia aus, wenn man die gleichnamige Straße hinuntergeht und noch vor der Via Partenope die Via Chiatamone einschlägt. An dieser Straße lagen einstmals zahlreiche Grotten, die in vorgeschichtlicher Zeit bewohnt waren und im XVI. Jahrhundert auf Geheiß des Vizekönigs Pedro von Toledo geschlossen wurden.

Castel dell'Ovo

Die mächtige Festung, die sich auf der kleinen Insel von Borgo Marinaro erhebt, verdankt ihren Namen ('Eierkastell') wahrscheinlich der Eierform ihres Grundrisses. Dennoch kann man in Neapel oft eine schöne Legende hören, nach der der Ursprung des Namens auf den berühmten Dichter Vergil zurückzuführen wäre, der im sogenannten 'dunklen Zeitalter' auch als ein Magier galt und das Schicksal der Burg mit der Zerbrechlichkeit eines von ihm in einer Karaffe eingeschlossenem Eis in Verbindung gesetzt hätte, so daß ein Zerbrechen der Eierschale mit der Zerstörung der Burg gleichzusetzen wäre. Der Verlauf der Geschichte jedoch (von der bei Restaurierungsarbeiten zahlreiche Spuren an den Tag gelegt werden konnten) belegte die Festigkeit der Burg, die bis zum Ende des XV. Jahrhunderts, als das Schicksal dem Kastell erstmals den Rücken zukehrte, anhalten sollte. In diesem Jahrhundert wurde Castel dell'Ovo, das in gleichen Maße Glanz wie auch Intrigen und Schmerzen gesehen hatte (unter anderem wurden hier Konradin von Staufen und die beiden Söhne Manfreds bis zum Tode, aber auch die Königin Johanna I. gefangen gehalten), zunächst von Karl VIII. unter Beschuß genommen und später durch die Explosion eines Sprengkörpers zerstört. Gegen Ende des XVII. Jahrhunderts wurde Castel dell'Ovo fast vollständig neu errichtet, um im Jahre 1733, diesmal durch die Truppen des Karl von Bourbon, erneut bombardiert zu werden. Bei einem Besuch der Burg können wir die Spuren der verschiedenen Neubauten und Erweiterungen, die im Laufe der Jahrhunderte, angefangen von den durch Friedrich II. beauftragten Umbauten (Anbau der Türme) bis hin zu denen des neunzehnten Jahrhunderts, vorgenommen wurden, gut erkennen. Neben dem für eine Festigung charakteristischen Baustil erinnern in Inneren der Burg zahlreiche Spuren an das klösterliche Leben, das sich hier viele Jahrhunderte lang entfaltete: Besonders eindrucksvoll sind die Ruinen der Kirche von San Salvatore (VII. Jahrhundert), die in den Fels geschlagenen Konventkammern und der geräumige Säulensaal mit seinen von Marmorsäulen der römischen Epoche gestützten Bögen, der offenbar als Refektorium des Klosters diente.

1) Castel dell'Ovo
2) Piazza Vittoria

1

Via Caracciolo

Nach dem Besuch des Castel dell'Ovo und der kleinen Insel von Borgo Marinaro erreichen wir über die links von der Burg liegende Via Partenope die eindrucksvolle Piazza della Vittoria mit ihrer herrlichen Sicht auf die Stadt und den Hügel des Kartäuserklosters. Hinter den schönen Blumenbeeten des Platzes erkennen wir an der Ecke zur Via Gaetani die zu einem Wohnpalast gehörende Kirche von Santa Maria della Vittoria aus dem siebzehnten Jahrhundert, die zu Ehren der Heiligen Jungfrau und als Dank für den Sieg in der Schlacht von Lepanto (1571) errichtet wurde. Via Caracciolo, die Weiterführung der Via Partenope, wird beinahe zur Hälfte der Straßenlänge von der Villa Comunale (Gemeindehaus) und ihrem großzügigen Park beherrscht, in dem Palmen, Eukalyptusbäume und andere hochstämmige Pflanzen willkommenen Schatten spenden. Der Park wurde gegen Ende des XVIII. Jahrhunderts auf Geheiß Ferdinands IV. dem Publikum geöffnet, der die Neuanlegung der Grünanlage dem Gartenbauer Carlo Vanvitelli, dem Sohn des berühmteren Luigi Vanvitelli, anvertraute. Vom Beginn des XIX. Jahrhunderts bis zum auslaufenden XX. Jahrhundert wurde der Park ständig verschönert und erweitert. Die breite Allee, die in eine üppige Vegetation eingebettet ist, wird von zahlreichen Statuen, Denkmälern (besonders wertvoll das im Jahre 1936 errichtete Denkmal zu Ehren von Armando Diaz) und Brunnen aus den unterschiedlichsten Epochen umsäumt; hier finden wir auch einige Bauten aus dem neunzehnten Jahrhundert, die den Musikpavillon, den kleinen Palast des Pressezirkels und einen kleinen ionischen Tempel. Die in der Mitte des Parks liegende Villa ist der Sitz einer bedeutenden neapolitanischen Institution, die im Jahre 1872 vom deutschen Naturforscher Anton Dohrn gegründet wurde, der 'Stazione Zoologica', die sich der Erforschung der Meeresfauna und -flora widmet.

Das Aquarium

Zur international bekannten 'Stazione Zoologica' gehört das älteste Aquarium Europas, ein großer Gebäudekomplex mit hochmodernen Laboratorien zum Studium der Unterwassertier- und -pflanzenwelt mit einer gut ausgestatteten Fachbibliothek. Wichtigste Attraktion dieser Anlage mit neunundzwanzig

2

Becken, in denen in einem Ambiente, das speziell für die optimale Fortpflanzung und Entwicklung der Fauna und Flora des Meeres studiert wurde, etwa zweihundert verschiedene Tiere und Pflanzen der Unterwasserwelt zu sehen sind, die alle im Golf von Neapel einheimisch sind. Neben den Mollusken (Seesterne, Seeigel, Calamari, Kammuscheln, Meerdatteln), den Seerosen, Algen und Schwämmen, Korallen, Medusen, Zitterrochen und Krustentieren (rote Langusten, Heuschreckenkrebse, Krabben, Einsiedlerkrebse), Kraken, Tintenfischen und Seeschildkröten können wir eine Unzahl von Schwärmen der verschiedensten Spezies bewundern: Goldbrassen, Geißbrassen, Zackenbarsche, Zahnbrassen, Hornfische, Seezungen und Meeräsche, aber auch fliegende Fische, wie den Flughahn, und sogar Haie wie Glatthai und Katzenhai. Nicht zu vergessen aber auch die Vielzahl der Wasserpflanzen, die, angefangen von den Algen, für den natürlichen Raum des Unterwasserlebens sorgen.
Am Ausgang des Parks liegt die Piazza della Repubblica mit ihrem modernen Denkmal, das an den Aufstand der vier Tage von Neapel erinnern soll. Rechts von diesem Platz geht die elegante Riviera di Chiaia ab.

Villa Pignatelli

Die prächtige Residenz ist das wichtigste Gebäude der Riviera di Chiaia. Die im klassizistischen Stil in der ersten Hälfte des XIX. Jahrhunderts vom Neapolitaner Pietro Valente erbaute Villa wurde zunächst, gegen Ende des Jahrhunderts, von den aragonischen Herrschern Pignatelli Cortes erworben und so zu einem der berühmtesten Kunst- und Literatursalons der Stadt. Heute gehört die Villa der Stadt Neapel und beherbergt das Museum Principe di Aragona Pignatelli Cortes. In den verschiedenen Räumen der Villa (besonders schön der 'Blaue Saal', der kleine Musiksaal, das Atrium mit Veranda) stellt die ursprüngliche Einrichtung (mit wertvollen Stücken aus dem XIX. Jahrhundert, prachtvollen Wandspiegeln und erlesenem Mobiliar) die treffliche Umgebung für die wertvollen Gemälde aus dem siebzehnten und achtzehnten Jahrhundert (mit zahlreichen Portraits) sowie für die großartige Porzellansammlung aus den wichtigsten europäischen Manufakturen, die Skulpturen, chinesischen Vasen und luxuriösen Einrichtungsstücke dar, die den Reichtum und den Lebensstil der Eigentümer dieser Villa im neunzehnten Jahrhundert belegen. Im prachtvollen Garten der Villa, in dem zahlreiche exotischen Pfanzen blühen, liegt das Kutschenmuseum, das interessante zeitgenössische Karossen italienischer, englischer und französischer Fabrikation ausstellt.

Riviera di Chiaia

Neben der Villa Pignatelli und der Villa Comunale warten hier elegante Wohnpaläste aus der Zeit zwischen dem XVIII. und dem XIX. Jahrhundert auf uns. Aber auch die in der Nähe der Piazza della Repubblica liegende Kirche San Giuseppe a Chiaia aus dem XVII. Jahrhundert mit ihren wertvollen Innengemälden lohnt einen Besuch. Links hinter der Kirche führt uns die Via Santa Maria al Portico zum gleichnamigen Gotteshaus, das ebenfalls aus dem siebzehnten Jahrhundert stammt. Hier bewundern wir schöne Fresken des Luca Giordano.

Villa Pignatelli

Piazza della Repubblica

Piazza Sannazzaro

Mergellina

Von der Piazza della Repubblica geht die Via Mergellina ab und führt uns zunächst auf den dem Dichter Iacopo Sannazzaro (1458 - 1530) gewidmeten Platz und dann ans Meer zur Bucht von Mergellina, von wo aus wir zu Fuß den Posillipo-Hügel hinaufgehen können. Mit dem kleinen Hafen Sannazzaro, der gleichermaßen von Fischern wie von Touristen besucht ist, und der Seilbahnstation, die nach Posillipo hinaufführt, ist Mergellina eines der schönsten und typischsten Viertel Neapels. Hier erhebt sich auch die von Sannazzaro erbaute kleine Kirche Santa Maria del Porto. Im Inneren der Kirche liegt das Grabmal des Humanisten aus dem Jahre 1537, das mit Skulpturen und Basreliefs geschmückt ist. Ungewöhnlich in der malerischen Gestaltung des Gotteshauses ist die Nebeneinanderstellung von sakralen und heidnischen Motiven; so erkennen wir gleich neben Abraham mit den Engeln Venus und Merkur und neben dem Sternkreises die Darstellung des Triviums (Philosophie, Grammatik und Rhetorik).

Posillipo

Zwischen dem Golf von Neapel und dem Golf von Pozzuoli liegt das für seine Naturschönheiten weltberühmte Posillipo. Mit seinen zahlreichen, in üppigen Gärten liegenden Villen, seinen antiken Bauwerken (darunter der Neptunbrunnen aus dem siebzehnten Jahrhundert und dem Votivaltar zum Gedenken der für das Vaterland gefallenen Krieger, der zu Beginn des XIX. Jahrhunderts errichtet wurde), vor allem aber wegen seiner herrlichen Sicht auf die Stadt und den Golf (besonders schön vom Capo Posillipo aus) lohnt sich ein Spaziergang. Am Ende der Straße angelangt, in Höhe des sogenannten 'Quadrivio del Capo' steigen wir über die schmale Via Marechiaro in den gleichnamigen Ort hinab, der in einer beneidenswerten Position liegt und heute noch mit dem romantischen Charme eines antiken Fischerdorfes auf uns wartet. Die wohl schönste Aussicht jedoch haben wir, wenn wir von 'Quadrivio del Capo' aus den Park von Posillipo besuchen, der auf der Spitze eines Vorgebirges zwischen den beiden Meeresbuchten liegt. Lohnenswert ist auch ein Besuch der in der Umgebung von Posillipo liegenden Villa Pausilypon (wörtlich: 'die Schmerzlindernde') aus der Römerzeit.

Panoramaansicht und Via Caracciolo

Nisida

Das von den alten Griechen zu Recht Nesis ('kleine Insel') getaufte Nisida ist ein fast kreisrundes Inselchen vulkanischen Ursprungs mit einem Umfang von knapp zwei Kilometern. Die Insel ist leicht über eine Brücke zu erreichen, die Nisida mit dem Festland bei Coroglio, in der Nähe des Posillipo-Parks, verbindet. Auf der teilweise mit Weinstöcken bepflanzten Insel finden wir einen großen Bau aus der Zeit der Anjou, der einst von den Bourbonen als Kerker für politische Gefangene benutzt wurde.

'La Fenestrella' bei Marechiaro

Fuorigrotta

Dieses Viertel liegt am Ende der Galleria IV. Giornate, einem Tunnel, der 1940 angelegt wurde und sich etwa einen Kilometer lang unter dem Hügel von Posillipo entlangzieht, um sich an seiner obersten Stelle in der Nähe des sogenannten 'Tomba di Virgilio' zu öffnen (tatsächlich handelt es sich nicht um das Grab Vergils sondern um eine Urnenhalle aus der Zeit Augustus). Fuorigrotta entwickelte sich in der Zeit zwischen 1950 und 1970 zu einem dicht besiedelten Stadtviertel mit modernen Wohnhäusern und ist von wichtigen Hauptverkehrsstraßen durchzogen. Um zu vermeiden, daß das neue Stadtviertel zu einer 'Zementmasse' würde, achteten die damaligen Stadtplaner darauf, Fuorigrotta seiner natürlichen Umgebung anzupassen und das Viertel mittels Blumenbeeten und Anpflanzungen aufzulockern.
Wichtigste Attraktion des Viertels ist ohne Zweifel das Sportstadion von San Paolo, das im Dezember 1959 eingeweiht wurde, und seitdem im Mittelpunkt der neapolitanischen wie internationalen Fußballfans steht. Lohnenswert ist jedoch auch ein Besuch von 'Mostra d'Oltremare', einem Stadtviertel innerhalb eines Stadtviertels. Das ausgedehnte Fuorigrotta (das sich heute über eine Fläche von über 600.000 qm ausdehnt) wurde zwischen 1939 und 1940 angelegt, um den Erfolg der italienischen Faschisten in den afrikanischen Kolonien

Das Polytechnikum

1

2

1) Die Pferderennbahn von Agnano
2) Das Sportstadion von San Paolo

zu feiern. Zu Beginn der Fünfziger Jahre, nach dem Ende des zweiten Weltkrieges, der das Stadtviertel mit ungeheuren Schäden aufsuchte, wurde Fuorigrotta neuangelegt, um zu einem Zentrum für Messen und Fachausstellungen sowie für sportliche und kulturelle Veranstaltungen zu werden. So finden wir heute in Fuorigrotta neben den über zwanzig Messehallen mehrere Theater, ein Olympia-Schwimmbad, Tennisplätze, Gewächshäuser und ein großes Mehrzweck- Sportzentrum.

Vierter Rundgang

Via Toledo

Die von der Piazza Trieste e Trento ausgehende Straße verdankt ihren Namen dem Vizekönig Pedro von Toledo, dem Marchese von Villafranca, der die Via Toledo im Jahre 1536 anlegen ließ, um hier ein neues Wohngebiet für den Adel zu schaffen. Sein Vorhaben traf auf die allgemeine Zustimmung des Volkes, so daß sich zu den eleganten Wohnpalästen bald auch volkstümlichere Viertel gesellten, deren bestes Beispiel heute wohl das sogenannte 'spanische Viertel' (Quartieri Spagnoli) ist. Enstanden Mitte des XVI. Jahrhunderts und heute eines der charakteristischsten, gleichzeitig aber auch umstrittensten Viertel der Stadt, ist es dem spanischen Viertel auf derselben Strecke, auf der viele der typischen Aspekte der neapolitanischen 'Alltagsphilosophie' den Fortschritt und die Urbanisation überlebt haben, allen voran gelungen, seine ursprüngliche Wesensart, bestehend aus einem dicht geflochtenem Netzwerk von Straßen und Häusern, bewahren zu können.
Wenn wir die seitliche Einfahrt zur Galleria Umberto I. hinter uns lassen und kurz nach dem herrschaftlichen Palazzo Berio (gebaut 1772 von Luigi Vanvitelli) und der Bodenstation der Zahnradbahn zum Vomero rechts die Via Santa Brigida einschlagen, stehen wir vor der gleichnamigen Kirche. In diesem Bauwerk aus der Mitte des XVII. Jahrhunderts finden wir wertvolle Gemälde von Luca Giordano, darunter, in der Kuppel, das Fresko "Die Verherrlichung der Hl. Brigida", ein wahres Meisterwerk der perspektivischen Malerei. Weiter auf der Via Toledo erhebt sich der durch seine imponierende Marmorfassade unschwer auszumachende Palazzo del Banco di Napoli vor uns (1939), das erste in Italien gegründete Bankinstitut. Ebenfalls auf der rechten Straßenseite hinter einer Reihe weiterer prächtiger Paläste liegt Rione Carità, ein Viertel, das um 1950 auf der Grundlage eines stark umstrittenen Stadtplanungsprojektes angelegt wurde, nach dem zahlreiche alte Gebäude abgerissen werden mußten, um einem neuen Viertel Platz zu machen, welches zu seiner Umgebung im krassen Gegensatz stand. Links von der Einmündung der Via Diaz an der Ecke einer anderen Bank (Banca Nazionale del Lavoro) steht Santa Maria delle Grazie, eine im siebzehnten Jahrhundert erbaute Kirche, die im XIX. Jahrhundert jedoch

1

2

1-2) Kirche Sant' Anna dei Lombardi: Das Holzkruzifix (1900 napoletanisch); Kirchenschiff und Orgel

umgebaut wurde. An der Kirche entlanggehend, bringt uns ein kleiner Abstecher zu den interessanteren Kirchen von Montecalvario (XVI. Jahrhundert; mit einem wunderschönen Boden aus Majolikafliesen, der im Rahmen von Restaurationsarbeiten im neunzehnten Jahrhundert hinzugefügt wurde) und Santa Maria della Concezione (XVIII. Jahrhundert). Wieder auf der Via Toledo, kommen wir über die Piazza della Carità (mit der gleichnamigen kleinen Kirche aus dem sechzehnten Jahrhundert, die zu Beginn des XX. Jahrhunderts allerdings umgebaut wurde) zu einem weiteren Gotteshaus, San Nicola, das einen kleinen Schatz an neapolitanischer Malerei, darunter besonders schöne Werke von Francesco Solimena, aufbewahrt. Von San Nicola aus biegen wir rechts in die Via Caravita ein und kommen auf die Piazza Monteoliveto. Hier steht eines der berühmtesten Bauwerke der ganzen Stadt, die Kirche Sant'Anna dei Lombardi. Fast am Ende der Via Toledo, auf der rechten Straßenseite, liegt der Palazzo Maddaloni (1582) mit seinem großartigen Hauptportal aus dem XVII. Jahrhundert und seinen prachtvollen, vom neapolitanischen Meister Fedele Fischetti (im XVII. Jahrhundert) wunderschön ausfreskierten Sälen. In Höhe des Palazzo Maddaloni kreuzt sich die Via Toledo mit 'Spaccanapoli' (links Via Scura, rechts Via Capitelli), einer ebenso langen wie beliebten geradlinigen Straße, die, wie der Name schon sagt, Neapel von Ost nach West in zwei Hälften teilt.

Sant'Anna dei Lombardi

Die Kirche, die auch unter dem Namen 'Chiesa di Monteoliveto' bekannt ist, wurde im Jahre 1411 erbaut, im XVII. Jahrhundert jedoch erheblich umgebaut und während des zweiten Weltkrieges, nach schweren Bombardierungen, restauriert. Der Name der Kirche erinnert daran, daß sie Mitte des XIX. Jahrhunderts zusammen mit dem angebauten Kloster an die Bruderschaft der Hl. Anna der Lombarden abgetreten wurde, deren Gotteshaus durch ein Erdbeben zerstört worden war. Der Konvent der Olivetaner-Mönche (gegründet zur gleichen Zeit wie Sant'Anna) erfreute sich langezeit der Gunst der Aragonier,

Grabmal des Antonio Orefice

'Die Gottesmutter mit dem Kinde und Sangiovannino'

die wesentlich zu seiner Verschönerung (Giorgio Vasari, der auch Sant'Anna mit herrlichen Fresken ausmalte, wurde mit der Ausstattung eines Klosteraumes beauftragt) und auch Bereicherung beitrugen, indem sie den Mönchen unter anderem eine wertvolle Bibliothek alter Handschriften vermachten. Das Kloster, zu dem ursprünglich vier von Springbrunnen und Gärten umgebene Kreuzgänge gehörten, wurde im Jahre 1799 aufgelöst und für eine gewisse Zeit in eine private, in mehrere Wohneinheiten aufgeteilte Residenz umgewandelt. Durch ein Atrium, das sich vor uns mit einer recht nüchternen Fassade öffnet, kommen wir in das einschiffige Innere der Kirche mit zwei Seitenkapellen. Über dem Eingang, an dessen Seiten zwei kostbar verzierte Altäre aus dem sechzehnten Jahrhundert stehen, entdecken wir eine mächtige Orgel vom Ende des XVII. Jahrhunderts und eine wunderschöne Kassettendecke. In den Kapellen erwarten uns herrliche und zahlreiche Zeugnisse der Bildhauerkunst des Rinascimento, so daß die Kirche von vielen als ein wahres Museum angesehen wird. So können wir zum Beispiel in der Correale-Kapelle (die zweite auf der rechten Seite) einen Altar bewundern, der von einem der wichtigsten Exponenten der Bildhauerkunst des fünfzehnten Jahrhundert, dem Florentiner Benedetto da Maiano, geschaffen wurde; der Meister bereicherte diesen schönen Altar mit einem kunstvollen Relief ('Mariä Verkündigung') sowie mit zwei prächtigen Statuen (die Hl. Johannes des Täufer und Johannes der Evangelist). Das Grabmal an der linken Wand aus dem Jahre 1489 erinnert an den Gründer der Kapelle Marino Curiale. In den anderen auf der rechten Seite liegenden Kapellen wechseln sich Werke aus dem fünfzehnten Jahrhundert mit Gemälden aus dem nachfolgenden Jahrhundert ab, die vom neapolitanischen Meister Nicola Malinconico (die Fresken in den Deckengewölben) und von Francesco Solimena stammen. Durch einen hinter der fünften Kapelle liegenden Korridor gelangen wir in die links von uns liegende, mit buntem Marmor geschmückte Orefice-Kapelle. Uns gegenüber hingegen liegt das Oratorium S. Sepolcro; es ist in zwei Bauabschnitte unterteilt und enthält Grabstätten aus dem XV. Jahrhundert. Am Ende des zweiten Raumes finden wir das schönste und berühmteste Kunstwerk der Kirche, die Skulpturengruppe 'Die Pietà' des Meisters aus Modena Guido Mazzoni. Die acht Terrakotta dieser Gruppe waren ursprünglich mehrfarbig, wurden im XIX. Jahrhundert jedoch bronzefarben lackiert, da die Restauratoren irrtümlicherweise der Auffassung waren, die Statuen seien nachträglich farbig bemalt worden. Nach der Besichtigung der Pietà besuchen wir die Capella dell'Assunta mit einem Fresko von Giorgio Vasari, das einen Olivetaner-Mönch darstellt; danach bewundern wir in der 'Neuen Sakristei' ein wunderschönes Gemälde aus dem achtzehnten Jahrhundert (über dem Altar). Weiter führt uns unsere Besichtigung in das ehemalige Refektorium des angrenzenden Olivetaner-Klosters (gegenüber), in dem die sogenannte 'Alte Sakristei' liegt. Das schöne Fresko im Gewölbe widmete Giorgio Vasari im

1

1) Die Kuppel

2) 'Die Trauer um den toten Jesus' (1492)

Jahre 1544 dem Glauben, der Religion und der Ewigkeit; an den Wänden bewundern wir die kunstvollen Intarsien der Chorstuhldecke, die fast alle zu Beginn des XVI. Jahrhunderts von Fra' Giovanni da Verona angelegt wurden. In der rechteckigen Apsis, über die sich ein mit Fliesen aus dem XVI. Jahrhundert geschmückter Bogen spannt, liegen weitere, kunstvoll behauene Grabmäler. Von hier aus schreiten wir durch einen kleineren Raum mit einer Pietà aus dem fünfzehnten Jahrhundert in die links von der Kirche liegende Tolosa-Kapelle. Sie ist das Werk von Giuliano da Maiano; Schüler der lombardischen Schule Della Robbia hingegen schmückten die Zwickel der Kuppel mit Rundbildern aus Terrakotta und Glas, die die Evangelisten darstellen. Besonders bemerkenswert ist die neben dem Eingang liegende erste Kapelle; hier bewundern wir die schöne Krippe von Antonio Rossellino da Settignano, die dieser in den Siebziger Jahren des XV. Jahrhunderts schuf, das Grabdenkmal von Maria von Aragonien, das von Rossellino angefangen und von Benedetto da Maiano vollendet wurde, und schließlich das im Stile des Pietro della Francesca gehaltene Fresko 'Die Verkündigung'.

2

Die Gesù Nuovo-Kirche

Von Sant'Anna dei Lombardi (Piazza Monteoliveto) aus kommen wir rechts von der Kirche über die absteigende 'Trinità Maggiore' auf die Piazza del Gesù Nuovo, in deren Mitte die Fiale der Unbefleckten Empfängnis (Immacolata) mit der Statue der Heiligen Jungfrau aus vergoldetem Kupfer steht. Das barocke Werk, das aus der Mitte des XVIII. Jahrhunderts stammt, blickt direkt auf die gleichnamige Kirche, die in den letzten zwanzig Jahren des XVI. Jahrhunderts errichtet wurde. Die für ein sakrales Gebäude ungewöhnliche Fassade aus aus grauem Peperin-Bossenquadern (dem vulkanischen Tuffstein, der sich an vielen Bauwerken in Neapel wiederfindet) belegt, daß die Kirche auf den Grundmauern eines Palastes aus dem fünfzehnten Jahrhundert errichtet wurde, von dem eben nur die Hauptfassade erhalten geblieben ist. Der majestätische Innenraum, dessen Verzierung im Barockstil ganze vierzig Jahre erforderte, wurde zwischen dem XVII. und dem XIX. Jahrhundert mehrmals umgebaut, da die Schäden eines Brandes und eines Erdbebens, welches zum Einsturz der ursprünglichen Kuppel geführt hatte, behoben werden mußten. Die Kirche mit dem Grundriß eines griechischen Kreuzes, drei Kirchenschiffen und Seitenkapellen, ist gänzlich mit polichromem Marmor verkleidet und mit kustvollen Fresken und Gemälden ausgestattet. Zu erwähnen wären insbesonders die Fresken des Francesco Solimena (dem wir auch die 'Vertreibung des Heliodorus aus dem Tempel' über dem Portal verdanken), die Werke Luca Giordanos, zwei Gemälde von Ribera (die etwa 1950 völlig restauriert wurden) sowie die Darstellung der Dreifaltigkeit und der Heiligen, die wahrscheinlich von Guercino stammt (1615). Im eindrucksvollen Presbyterium, das von einer wertvollen Balustrade aus Alabaster abgeschlossen wird und im Gewölbe und den Wänden mit schönen Fresken aus dem XVII. Jahrhundert ausgemalt ist, steht der Hochaltar, ein grandioses Werk aus dem neunzehnten Jahrhundert, das mit wertvollem Marmor und Arbeiten in Bronze und Halbedelsteinen geschmückt ist.

Chiesa del Gesù und gleichnamiger Platz - oben: die Fiale der Immacolata-Kirche

Innenraum (Ausschnitt)

Kirche und Kreuzgang Santa Chiara

Die Kirche wurde im Auftrag von Sancia di Maiorca, der Gattin Robert Anjous, zwischen 1310 und 1328 im gotisch- provenzalischen Stil errichtet. Mitte des nachfolgenden Jahrhunderts wurde der Innenraum des Gotteshauses im Rahmen großangelegter baulicher Veränderungen im Barock neugestaltet. 1943 zerstörte ein Brand, der die Folge eines Bombenangriffes war, beinahe das gesamte Bauwerk, so daß Renovierungsarbeiten erforderlich wurden, die das ursprüngliche Erscheinungsbild wiederherstellen sollten.
Neben der Fassade des Gotteshauses erhebt sich ein mächtiger Kirchturm (in dessen unterem Teil der ursprüngliche Aspekt aus dem vierzehnten Jahrhundert beibehalten werden konnte), vor der Stirnwand eines Pronaos mit drei Spitzbögen. Das herrliche Haupttor, in der Mitte der Fassade, besteht aus buntem Marmor und kunstvollen Intarsien. Im einschiffigen, rechteckigen Inneren, an dessen Seiten kleinere Kapellen liegen, sind wertvolle Kunstwerke, die größtenteils aus dem XIV. bis XV. Jahrhundert stammen. In den neun Seitenkapellen auf der rechten und der linken Seite mit ihren wunderschönen Zwei- und Dreibogenfenstern sind die Grabmäler zahlreicher neapolitanischer Adelsfamilien, für die Santa Chiara seit je das bevorzugte Gotteshaus war. Unter den berühmtesten Grabmälern der Kirche ist zweifellos das der Maria di Valois im Presbyterium zu erwähnen, das mit einer Statue der Adelsfrau und anderen Skulpturen geschmückt ist, die 1339 durch den Meister Tino di Camaino aus Siena geschaffen wurden. Ebenfalls im Chorraum, hinter dem Altar, finden wir das wertvollste Kunstwerk der Kirche, die prächtige Grabstätte von Robert I. von Anjou. Es wurde zwischen 1343 (dem Todesjahr des Königs) und 1345 von den Florentinern Giovanni und Pacio Bertini geschaffen und ist aufgrund eines Einsturzes nur unvollständig erhalten geblieben. Die verbliebenen Elemente (insbesonders der auf Pfeilern ruhende und von den Statuen der Tugenden umgebene Sarkophag des Königs, aber auch die

1

2

1) Die Kirche Santa Chiara: Innenraum
2) Die Kirche Santa Chiara: der mit Majoilika-Fliesen verkleidete Kreuzgang

Darstellungen des Herrschers und seiner Familie) reichen jedoch aus, um uns einen Eindruck des außerordentlichen künstlerischen Wertes zu vermitteln, das das Grabmal in seiner vollständigen Form gehabt haben muß. Vom Chor aus treten wir in den großzügigen Kreuzgang der Klarissen. Er wurde im XIV. Jahrhundert gebaut und im Jahre 1742 mit der Hinzufügung eines wunderschönen, rustikalen Gartens, durch den sich zwei Gartenwege ziehen, neuangelegt. Hinzu kamen auch die Majolika-Kacheln, auf denen u.a. Landschaften und Szenen aus dem Landleben und der Mythologie zu sehen sind.

San Domenico Maggiore

Die Kirche, vor der sich die kunstvolle Fiale von San Domenico erhebt (1658 - 1737), wurde im gotischen Baustil zwischen 1283 und 1324 im Auftrage Karls II. von Anjou an einer Stelle errichtet, an der vorher eine romanische Kirche gestanden hatte. In der Zeit zwischen dem XV. Jahrhundert und der ersten Hälfte des XVIII. Jahrhunderts folgten zahlreiche Umbauten, die das ursprüngliche Erscheinungsbild der Kirche veränderten; das gleiche gilt leider auch für die im neunzehnten Jahrhundert vorgenommenen Restaurationen.
Im großräumigen Inneren der Kirche (im Grundriß eines lateinischen Kreuzes, mit drei Schiffen und zwei Seitenkapellen) finden wir schöne Fresken und prachtvolle Grabmäler. Besonders bemerkenswert, auf der rechten Seite, ist die sogenannte 'Cappellone del Crocifisso' (große Kruzifix-Kapelle), in der das Kreuz aus dem dreizehnten Jahrhundert aufbewahrt wird, das zu Thomas von Aquin gesprochen haben soll, der damals im nahegelegenen Kloster lebte. In der Sakristei, deren Gewölbe mit einem großartigen Fresko von Francesco Solimena

Die Kirche San Domenico Maggiore: die Fassade

ausgemalt ist, liegen die Grabmäler zahlreicher Herrscher der aragonischen Familie. In der rechts von uns liegenden alte Kirche finden wird das älteste bekannte Bildnis des Hl. Domenikus (Anfang des XIII. Jahrhunderts).

Die San Severo-Kapelle

Die einstmalige Grabkapelle der Familie Sangro wurde gegen Ende des XVI. Jahrhunderts gebaut und zwischen dem XVII. und dem XVIII. Jahrhundert mehrmals umgebaut und verschönert. Ursprünglich gehörte sie zum nahegelegenen Palazzo di Sangro, mit dem sie mittels einer Passage verbunden war, die im Jahre 1889 zerstört wurde. Der Innenraum der Kapelle zeichnet sich durch die wertvollen Grabmäler, vor allem aber durch das wunderschön ausfreskierte Gewölbe aus, das Mitte des XVIII. Jahrhunderts durch den neapolitanischen Meister Francesco Maria Russo angelegt worden war. Unter den zahlreichen Skulpturen soll hier nur die Darstellung des verschleierten Christus von Giuseppe Sammartino (1753) erwähnt werden.

Die Kirche San Domenico Maggiore: Innenraum

Fünfter Rundgang

Piazzetta Nilo

Von der Kapelle Sansevero aus erreichen wir über die Via Nilo den kleinen Platz, dessen Name, wie auch der des angrenzenden Stadtviertels, auf die Statue des Nilo zurückzuführen ist. Die Figurengruppe, die aus den frühen Jahrhunderten des römischen Reiches stammt, wurde zunächst im XIII. Jahrhundert beschädigt (der Figur des Nilo wurde das Haupt abgeschlagen) und später eingegraben; erst in der zweiten Hälfte des XVII. Jahrhunderts wurde sie wieder restauriert (der Nilo erhielt ein neues Haupt) und am heutigen Standort aufgestellt.
Auf der Piazzetta erhebt sich die Kirche von Sant'Angelo a Nilo aus dem Jahre 1538, die wegen des wunderschönen Grabmals (rechts vom Hochaltar), das den 1423 verstorbenen Gründer der Kirche, den Kardinal Rinaldo Brancaccio, darstellt, auch als 'Cappella Brancaccio' bekannt ist. An diesem Grabmal, das in Pisa zwischen 1426 und 1428 entstand, arbeiteten einige der berühmtesten Künstler jener Epoche, wie Donatello (von dem u.a. das prachtvolle Basrelief mit der Empfängniszene, vorne auf der Grabstätte, stammt), Michelozzo und Pagno di Lapo Portigiani. Neben weiteren Grabmälern finden wir in der Sakristei der

2

1

1) Die Kirche Santa Maria delle Anime del Purgatorio (Ausschnitt)

2) Die Nilo-Statue

Kirche eine prächtige Bildtafel mit Goldhintergrund vom Anfang des XVI. Jahrhunderts, die den Erzengel Michael und den Apostel Andreas darstellt, sowie kunstvolle, mit Intarsien verzierte Schränke aus dem fünfzehnten Jahrhundert.

Via San Biagio dei Librai

Von Sant'Angelo a Nilo aus gehen wir weiter über die Via San Biagio dei Librai, eine der charakteristischsten und belebtesten Straßen der Altstadt. Hier finden wir zahlreiche Geschäfte, die uns handwerkliche Erzeugnisse und Waren jeder Art in einer 'ungeordneten Ordnung' anbieten, die die Straße noch malerischer erscheinen läßt. Wollen wir uns jedoch lieber den zahlreichen vornehmen Wohnhäusern zuwenden, so sticht insbesonders der Palazzo Carafa Santangelo im Stil des Rinascimento aus der Mitte des XV. Jahrhunderts hervor. Wenig weiter, auf der rechten Straßenseite, steht der erhabene Palast Monte di Pietà (Pfandleihhaus), der durch die angrenzende Cappella della Pietà berühmt geworden ist, deren Sakristei eines der schönsten Werke der neapolitanischen Kunst des siebzehnten Jahrhunderts bleibt.

San Biago dei Librai: Antiquitätengeschäft

San Gregorio Armeno

Wenn wir links in die Via San Gregorio Armeno abbiegen (berühmt vor allem wegen der zahlreichen Werkstätten und Läden, in denen neben Heiligen- und Krippenfiguren eine Unzahl phantasievoll angeordneter alltäglicher Gebrauchsgegenstände angeboten werden), stehen wir bald vor der gleichnamigen alten Kirche (die vor der Mitte des X. Jahrhunderts erbaut wurde) mit dem angeschlossenen Kloster, einem wahren Schmuckstück des neapolitanischen Barocks.

Rechts: Krippen und Hirtenfiguren

San Gregorio Armeno

Kirche San Gregorio Armeno: Innenraum

Der Dom

Die nach San Gennaro benannte Kathedrale wurde im Auftrag Karls II. von Anjou Ende des XIII. Jahrhunderts errichtet und 1315 im Beisein von Robert von Anjou und seiner Gattin Sancia di Maiorca eingeweiht. Der auf den Grundmauern der Kathedrale von Santa Stefania errichtete Dom grenzt an die Basilika Santa Restituta an, der ältesten Basilika der Stadt (IV. Jahrhundert). Die ursprüngliche gotische Bauform wurde zwischen der zweiten Hälfte des XV. Jahrhunderts und dem Anfang des zwanzigsten Jahrhunderts mehrmals restauriert und umgeändert. Insbesonders die Fassade wurde zwischen dem XIX. und dem XX. Jahrhundert auf der Grundlage der Fassade des fünfzehnten Jahrhunderts umgestaltet, welche bereits nach dem Erdbeben von 1349 neu angelegt worden war. Zu den ursprünglichen Elementen des Gebäudes zählen des weiteren die drei Portale, die Anfang des XV. Jahrhunderts entstanden; das schönste dieser Portale ist das mit eleganten Skulpturen besetzte Mittelportal, an dem u.a. Tino di Camaino und Schüler Nicola Pisanos arbeiteten. Der prachtvolle, große Innenraum hat einen Grundriß in Form des lateinischen Kreuzes und ist in Schiffe zu je sechzehn Pfeilern und mit über einhundert prächtigen Marmorsäulen unterteilt, die von eleganten Spitzbögen überspannt sind. Über dem Mittelschiff, dessen Wände mit prächtigen Fresken von Luca Giordano ausgemalt sind, bewundern wir eine kunstvolle Holzdecke aus dem siebzehnten Jahrhundert mit Einlegearbeiten und Vergoldungen; die Decken der Seitenschiffe sind als Kreuzgewölbe angelegt. Unter dem zweiten Boden von links steht ein interessantes Taufbecken, dessen oberer Teil aus Marmor und Bronze aus dem siebzehnten Jahrhundert stammt und auf der Oberfläche mit Basalt und skurilen Bacchus-Masken verkleidet ist. Auf der rechten Seite hingegen liegt, umsäumt von den Statuen der Apostel Petrus und Paulus, hinter einem Bronzegitter die große San Gennaro-Kapelle, die in der ersten Hälfte des XVII. Jahrhunderts zu Ehren des heiligen Patrons erbaut wurde, der, von der Bevölkerung zu Hilfe gerufen, die Stadt im Jahre 1527 von der Pest erlöst haben soll. In der hinteren Wand dieser Kapelle werden die Ampullen mit dem Blut des Heiligen aufbewahrt, das sich zweimal im Jahr, im Mai und im September, verflüssigen soll und somit ein Wunder wiederholt, dessen Tradition bis auf die Zeit des Kaisers Konstantin zurückreicht. Um diesem Ereignis beizuwohnen, das als gutes Zeichen für das Schicksal der Stadt gewertet wird, versammeln sich alljährlich Hunderte von Neapoletanern im Dom, um 'ihren' Heiligen anzubeten. Hinter den anderen Kapellen des rechten Kirchenschiffs liegt das Querschiff, auf dessen Wänden der Freskenzyklus von Luca Giordano mit der Abbildung verschiedener Heiligen fortgesetzt wird. Besonders schön ist die Empfängnisszene in der dritten Kapelle von rechts, die von Perugino und Schülern stammt. Die Cappella Minutolo (die zweite von rechts in der Apsis) hat mit ihrem herrlichen Mosaikfußboden mit zoomorphischen Motiven aus dem dreizehnten Jahrhundert, ihren wunderschön ausfreskierten Wänden (XIV., XV. und XVI. Jahrhundert) und den Grabdenkmälern aus der gleichen Zeit, wie auch die hinter ihr liegende Cappella Tocco, ihren ursprünglichen Baustil des vierzehnten Jahrhunderts erhalten. Aus dem XVIII. Jahrhundert hingegen stammt die Apsis, deren Gewölbe und Wände mit Fresken geschmückt sind. Neben dem Eingang zum Presbyterium führen zwei Treppen in die Cappella Carafa, auch 'Succorpo' genannt, hinab (1497-1506). Hier wird die Urne mit den sterblichen Überresten des Patronheiligen aufbewahrt. Nach dem Besuch der prächtigen Kapellen auf der linken Seite der Apsis und des Querschiffes (in einer dieser Kapellen liegt das Grabmal des Andreas von Ungarn, von seiner Gattin, Königin Johanna I., ermordet) treten wir hinter den ersten drei Kapellen des linken Kirchenschiffes endlich in die Cappella Brancaccio, ein elegantes, im sechzehnten Jahrhundert von Giovanni Antonio Dosio geschaffenes Bauwerk, das von einer elliptischen Kuppel gekrönt wird. Es folgt die Santa Restituta-Kapelle, eine antike, zur Kathedrale gehörende Basilika. Im Inneren, dessen ursprünglicher gotischer Baustil trotz verschiedener Umbauten und später angebrachten Stukkaturen teilweise noch erkennbar ist, werden neben Stücken aus der Römerzeit kostbare Kunstwerke aufbewahrt, darunter ein herrliches Mosaik von Lello da Orvieto aus dem vierzehnten Jahrhundert, die Gottesmutter mit dem Kinde zwischen den Heiligen San Gennaro, Santa Restituta darstellend, sowie zwei Marmortafeln (Anfang des XIII. Jahrhunderts), in die Geschichten der Heiligen gehauen sind. Über das Baptisterium (ganz rechts) spannt sich eine wunderschöne Kuppel mit Überresten eines Mosaiks aus der Zeit seiner Gründung (V. Jahrhundert).

Der Dom

Die barocke Fiale von San Gennaro; im Hintergrund die Kathedrale

Der Erzbischof von Neapel zeigt das Blut des Hl. Gennaro

Sechster Rundgang

Piazza Bellini und die alte griechische Stadtmauer

Von einer kleinen Grünfläche umgeben erhebt sich das Denkmal an Vincenzo Bellini, das im Jahre 1886 vom kampanischen Bildhauer Alfonso Balzico geschaffen wurde. Der Sockel des Denkmals ist mit in Nischen aufgestellten Figuren besetzt, die die Hauptfiguren aus den Opern des großen Komponisten darstellen: die Nachtwandlerin, Norma, Julietta und Elvira. In unmittelbarer Nähe sind die Überreste der alten griechischen Stadtmauer, große Tuffsteinblöcke, die ursprünglich, entsprechend des 'Isodom' genannten Bauprinzips, aufeinandergesetzt Reihen gleicher Höhe und Stärke bildeten. Sie stammen aus dem IV. Jahrhundert v. Chr., als zur ursprünglichen Ansiedlung von Paleopolis (oder auch Partenope) eine weitere Siedlung mit dem Namen Neapolis hinzukam. Nach Vincenzo Bellini ist auch das naheliegende Theater benannt, welches vom neapolitanischen Baumeister Carlo Sorgente in der zweiten Hälfte des XIX. Jahrhunderts errichtet wurde. Von der Piazza Bellini aus kommen wir auf die beliebte Via Port'Alba mit ihren zahlreichen modernen und Antiquariatsbüchereien. Die Bücherei 'Guida', eine der interessantesten, zählt zum Kulturgut des

Staates. Am Ende der Straße erhebt sich der Bogen von Port'Alba; er wurde erstmals im Jahre 1625 errichtet, gegen Ende des XVIII. Jahrhunderts jedoch neugebaut. Das Tor, über dem die Statue des Hl. Gaetano thront, steht genau an der linken Außenseite eines grandiosen Halbkreisbaus, der zwischen 1757 und 1765 von Luigi Vanvitelli in der Nähe von Piazza Dante angelegt worden war. Das dorisch-romanische Werk mit den die Tugenden darstellenden Statuen wurde zu Ehren Karls III. errichtet.

Piazza Bellini und die griechische Stadtmauer

San Pietro a Maiella

Die Kirche, deren Ursprung auf das dreizehnte und vierzehnte Jahrhundert zurückführt, wurde zwischen dem auslaufenden XV. und dem Beginn des XVI. Jahrhunderts erweitert und von Grund auf umgebaut, so daß die Fassade heute deutlich vor dem Glockenturm mit Spitzgiebel liegt. Weitere Umbauten erlitt die ursprünglich schlichte Architektur bis zur ersten Hälfte des XIX. Jahrhunderts; im Rahmen von Restaurationen konnte der ursprüngliche Baustil jedoch wiederhergestellt werden. Von den drei Kirchen-schiffen ist das mittlere (sowie die Querschiffe) von einer besonders prachtvollen Decke überspannt; hier bestaunen wir wertvolle Gemälde aus dem siebzehnten Jahrhundert, die Episoden aus dem Leben der Heiligen Zölestin und Katerina von Alexandrien darstellen; das interessanteste dieser Werke ist sicherlich die von Mattia Preti zwischen 1656 und 1661 gemalte Darstellung des Lebens dieser beiden Heiligen. Schöne Gemälde aus dem XVII. und dem XVIII. Jahrhundert finden sich auch in den Kapellen der Seitenschiffe, während die Wände des Querschiffes und der Kapellen des Apsis wertvolle Zeugnisse aus der Gründungsepoche der Kirche zu bieten haben, wie ein Holzkreuz aus dem vierzehnten Jahrhundert, Fresken aus dem gleichen Zeitalter (mit den Geschichten des Hl. Martin und der Magdalena) oder auch der wunderschöne Fußboden aus Majolika- Fliesen (XV. Jahrhundert) und schließlich eine 'Grablegung' von Giovanni da Nola aus dem sechzehnten Jahrhundert.

Croce di Lucca

Gleich neben San Pietro a Maiella liegt die friedliche Piazza Luigi Miraglia, auf den die Croce di Lucca-Kirche blickt. Das Gotteshaus, das aus der ersten Hälfte des XVII. Jahrhunderts stammt, gehörte ursprünglich zu einem gleichnamigen Kloster, an dessen Stelle sich heute ein Teil der Universität befindet. Das Kircheninnere ist insbesonders wegen der schönen Kassettendecke aus dem siebzehnten Jahrhundert und ihrer Ausschmükung mit buntem Marmor nennenswert. Die 'Verkündigung' in der zweiten Kapelle von rechts stammt von Nicola Malinconico.

1

2

1-2) Die Kirche 'Croce di Lucca'

Die Pontano-Kapelle

Cappella Pontano

Auf der linken Straßenseite der Via dei Tribunali liegt die Cappella Pontano (1492), eines der schönsten Zeugnisse des neapolitanischen Rinascimento. Das Gebäude, dessen herrlicher Majolika-Fußboden Darstellungen von Menschen, Tieren und Pflanzen zeigt, wurde wahrscheinlich im Auftrag des berühmten Humanisten Giovanni Pontano, dem damaligen Sekretär Friedrichs I. von Aragonien, zu Ehren seiner verstorbenen Gattin und Kinder errichtet.

Via dei Tribunali

Die auf der antiken Römerstraße Decumano Massimo (einer Allee, die sich einst von Ost nach West durch die Stadt zog) angelegte Via dei Tribunali ist eine lebhafte Hauptverkehrsstraße, die bis hin zum Castel Capuano führt. Hier sind einige der wichtigsten Kirchen Neapels. In Höhe des kleinen Platzes San Gaetano (der, wie auch die Piazza dei Gerolomini, an der Stelle eines ehemaligen römischen Forums angelegt wurde) erhebt sich über einer majestätischen Steintreppe San Paolo Maggiore, gebaut im Barockstil gegen Ende des XVI. Jahrhunderts von Francesco Grimaldi. Sie steht auf den Grundmauern einer Kirche des IX. Jahrhunderts, die wiederum auf einem ehemaligen Tempel errichtet worden war, der zur Römerzeit den Dioskuren geweiht war. Von beiden Bauwerken sind heute noch einige Spuren zu sehen. Im weiträumigen und reich ausgestatteten Inneren von San Paolo Maggiore finden wir wertvolle Gemälde (besonders wertvoll die Werke von Massimo Stanzione, Paolo de Matteis und Francesco Solimena) sowie Statuen, Stukkaturen und Marmorverkleidungen. Auf dem gleichen Platz, genau gegenüber der Kirche, steht ein anderes künstlerisch bedeutendes Bauwerk, die Kirche von San Lorenzo Maggiore. Sie wurde zwischen dem Ende des XIII. und dem Beginn des

XIV. Jahrhunderts unter gemeinsamer Beteiligung französischer und neapolitanischer Baumeister errichtet und bekam bei Umbauten im XVII. und XVIII. Jahrhundert ein unpassendes barockes Kleid, von dem sie jedoch im Rahmen einer in heutigen Zeitalter durchgeführten Restauration befreit werden konnte. Das wunderschöne gotische Innere enthält u.a. die Grabmäler der Katerina von Österreich und des Robert d'Artois aus dem vierzehnten Jahrhundert. Bei Ausgrabungen, die unter der Kirche und unter dem nahegelegenen Konvent durchgeführt wurden, kamen wertvolle Stücke aus der griechisch-römischen Epoche zum Vorschein. Weiter vorne, in der Nähe der Kreuzung mit der Via Duomo, erhebt sich die Gerolomini-Kirche neben der gleichnamigen Bildergalerie, in der zahlreiche und prachtvolle Kunstwerke auf unseren Besuch warten.

Santa Maria Maggiore

Gleich links von der Cappella Pontano liegt Santa Maria Maggiore, die zwischen 1653 und 1667 im Barockstil nach Plänen des Baumeisters Cosimo Fanzago aus Bergamo gebaut wurde. Der graziöse romanische Glockenturm mit Spitzgiebel stammt aus dem XI. bis XII. Jahrhundert und gehörte einst zu einer Basilika, die in der ersten Hälfte des VI. Jahrhunderts an der Stelle stand, an der sich heute Santa Maria Maggiore erhebt.

San Giovanni a Carbonara

Von der Via dei Tribunali aus kommen wir, wenn wir links in die Via Duomo einbiegen, zunächst zur Kirche von Santa Maria Donnaregina, der vielleicht interessantesten gotische Kirche der Stadt, mit herrlichen Fresken und Grabdenkmälern aus dem vierzehnten Jahrhundert, darunter, in der Apsis, das von Tino di Camaino geschaffene Grabmal der Königin Maria von Ungarn. Weiter gehen wir über die Via Settembrini und biegen in die rechts liegende Via San Giovanni a Carbonara ein, an deren Ende uns eine große Steintreppe zur gleichnamigen Kirche hinaufführt. Für den Bau benötigte man wie auch für das nahegelegene Kloster ein halbes Jahrhundert: von Mitte des XIV. bis zum Beginn des XV. Jahrhunderts. Das schöne Portal aus dem fünfzehnten Jahrhundert auf der rechten Fassade bringt uns in den Innenraum, in dem einige der wertvollsten Skulpturen Neapels zu sehen sind. Aus dem XV. Jahrhundert stammt das prächtige Grabdenkmal des Königs Ladislao, des Bruders von Johanna II.; es wird von vier gigantischen Skulpturen getragen, die die Tugenden darstellen, und ist von Statuen (Marco und Andrea da Firenze) und bemalten Figuren umsäumt (Leonardo da Besozzo). Das unvollendete Grabmal von Gianni Caracciolo, das mit einer Inschrift von Lorenzo Valla und Skulpturen von Andrea da Firenze geschmückt wird, stammt aus der gleichen Zeit. Ein weiteres interessantes

1

1-2) Die Kirche Santa Maria Maggiore: Innenraum und Glockenturm

Die Kirche San Giovanni a Carbonara

Denkmal, das ebenfalls reich mit kunstvollen Skulpturen bestückt ist, ist das der Miroballo- Familie; es wurde im XVI. Jahrhundert fertiggestellt.

Santa Caterina a Formiello

Wenn wir erneut auf die Via San Giovanni a Carbonara herabsteigen und in Richtung Bahnhof gehen, erreichen wir die Piazza Enrico De Nicola; hier steht, gleich links neben der Porta Capuana, die wunderschöne Kirche von Santa Caterina a Formiello, die im XVI. Jahrhundert (wahrscheinlich nach Plänen des Francesco di Giorgio Martini) im Stil des Rinascimento gebaut wurde. Im Inneren der nach dem lateinischen Kreuz angelegten Kirche werden neben wertvollen Gemälden aus dem siebzehnten Jahrhundert von Paolo de Matteis zahlreiche Werke aufbewahrt, die entweder aus der Gründungszeit des Gotteshauses stammen oder aber zu Anfang des nachfolgenden Jahrhunderts geschaffen wurden.

Die Kirche Santa Caterina a Formiello

Porta Capuana

Gleich rechts von Santa Caterina a Formiello steht die schöne Porta Capuana, die 1484 genau da gebaut wurde, wo, in leicht vorgerückter Stellung, vorher ein anderes Stadttor stand. Auftraggeber der Porta Capuana war Ferdinand I. von Aragonien, der es vom Florentiner Baumeister Giuliano da Maiano im Stil eines Triumphbogens erreichten ließ. Neben dem Tor stehen zwei eindrucksvolle Rundtürme, die die Ehre und die Tugend symbolisieren sollen; das Tor selbst ist mit weißem Marmor verkleidet.
Ihren Namen bezieht die Porta Capuana vom naheliegenden Castel Capuano, das Mitte des XII. Jahrhunderts gebaut wurde und für eine gewisse Zeit als königlicher Wohnsitz diente. Dieses Bauwerk wurde später, angefangen von der Zeit Friedrichs II. von Staufen bis zum Jahre 1540, als es zum Sitz des Amtsgerichtes wurde, mehrmals erweitert und umgebaut. Die heutige Erscheinungsweise verdanken wir Umbauten, die Mitte des XIX. Jahrhunderts und auch im zwanzigsten Jahrhundert vorgenommen wurden.

Blick auf Porta Capuana

Siebter Rundgang

Das archäologische Nationalmuseum

Das Nationalmuseum ist in einem imposanten Gebäude untergebracht, welches im auslaufenden XVI. Jahrhundert errichtet wurde. Es wurde auf der Grundlage der Sammlung der Familie Farnese, die Elisabeth Farnese Karl von Bourbon vererbte, weiter ausgebaut. So kamen mit den Jahren Stücke aus Herkulaneum, Pompeji, Cumae und anderen Fundstätten sowie die Sammlung Borgia und wertvolle ägyptische Fundstücke hinzu; aber auch zahlreichen weiteren Stiftungen und Ankäufen verdankt das Museum, das heute eine der wichtigsten und umfangreichsten Sammlungen der klassischen Antike ausstellt, seinen internationalen Ruf. Die hier aufbewahrten Kunstschätze haben einen unermeßlichen Wert und reichen von Skulpturen, Schmuckstücken und Mosaiken (die fast alle, wie auch die Fresken, aus Herkulaneum und Pompeji stammen) über die Gerätschaften der 'Villa der Papyrusschriften' von Herkulaneum, Terrakotta- und Elfenbeinobjekten und Bronzestatuen bis zu prähistorischen Funden und den antiken Geldstücken der Kollektion Santangelo. Die Sammlung ist derart umfangreich, daß wir hier nur an die bekanntesten Stücke erinnern und dem

1

2

3

4

1) Archäologisches Museum: Fassade
2) Das Alexander-Mosaik (Ausschnitt)
3) Der Farnesische Herkules
4) Der Farnesische Eros
5) Stamnos von Nocera

5

Besucher die Entdeckung der zahlreichen Kunstschätze des Museums überlassen wollen. So befinden sich unter den Marmorskulpturen beispielweise Meisterstücke wie die Gruppe der Tyrannenmörder Harmodois und Aristogeiton (eine römische Kopie der Originalbronzegruppe aus dem IV. Jahrhundert v. Chr.) die majestätische Farnesische Athene (ebenfalls eine Kopie, die in der Zeit des römischen Kaiserreiches vom griechischen, wahrscheinlich von Fidia stammenden Original angefertigt worden war) des weiteren das bewegende Marmorrelief mit Orpheus und Eurydike und dem Gott Hermes, das gegen Ende des XVIII. Jahrhunderts in Pompeji ausgegraben wurde, ein in der pompejischen Via dell'Abbondanza 1925 gefundener Lampenträger, der einen Epheben darstellt (Kopie eines Originals aus dem IV. Jahrhundert v. Chr.), die Skulptur einer toten Amazone (eine der Kopien, die König Atalus im II. Jahrhundert in Pergamon anfertigen ließ, die verführerische Venere Callipige (eine römische Kopie des griechischen Originals, die einstmals das Domus Aurea des Kaisers Nero im Rom zierte), die enthauptete Venus von Sinuessa, der eindrucksvolle Farnesische Herkules (Kopie einer Bronzeskulptur von Lisippo), und nicht zuletzt die bewegte Gruppe des Farnesischen Stiers (das größte Verbindungsstück zwischen der Antike und der Neuzeit, das im II.-II. Jahrhundert v. Chr. nach einer hellenistischen Bronzeskulptur angefertigt wurde). Das berühmteste Stück aus der Sammlung der Mosaiken (die beinahe alle aus Pompeji stammen) ist sicherlich das Alexandermosaik, in dem der Kampf zwischen Alexander dem Großen und Darius III. dargestellt ist. Das unter dem Gesichtspunkt des Formats wie der Kunst großartige Werk schmückte einst einen der Säle des Casa del Fauno in Pompeji und wurde 1831 entdeckt.

Bildnis eines jungen Mädchens (Fresko)

Sileno Ebbro

Bei den Ausgrabungen von Herkulaneum und Pompeji gefundener Gold- und Silberschmuck

Die Katakomben

In breiten Gängen, die mit kunstvollen Fresken und Mosaiks aus dem III. - X. Jahrhundert ausgeschmückt sind, ziehen sich die Katakomben von San Gennaro in zwei unterirdischen Ebenen durch den gelben Tuffstein der Aminei-Hügel von Capodimonte. Den 'Grundstein' dieser unterirdischen Grabstätte bildete ein aus dem Ende des II. Jahrhundert stammendes Familiengrab (heute untere Vorhalle), das einst der ersten Christengemeinde Neapels überlassen worden war. Zu diesem mit einfachen geometrischen Mustern, Blumen- und Mensch-Tiermotiven verzierten Grab kam gegen das IV. Jahrhundert eine Friedhofsbasilika hinzu, die wegen ihres alleinstehenden Altars und des in die Tuffsteinwand gehauenen Bischofsstuhls besonders interessant ist. Im V. Jahrhundert brachte man dann die Gebeine des Märtyrers San Gennaro in die Basilika, der im Jahre 305 bei Pozzuoli enthauptet worden war. Die anschließend nach dem Märtyrer benannten Katakomben wurden dann, von den beiden ursprünglichen Vorhallen ausgehend, kontinuierlich zu langen Gängen mit Arkosolien, Grabkammern und übereinanderliegenden großen Nischen ausgebaut. Besonders interessant sind neben der großen unterirdischen Basilika des oberen Ganges, die einzigartig in ihrer Art ist, die untere und die obere Vorhalle (letztere mit kostbaren Freskenzyklen), die Basilika der neapolitanischen Bischöfe und das darunterliegende Grabmal des Hl. Gennaro (eine von den Neapolitanern innig verehrte Kultstätte), die mit großartigen Mosaikportraits ausgestatteten Wandgräber der Bischöfe (besonders interessant das Mosaik des rechten Wandgrabes mit der Darstellung des Bischofs von Karthago S. Quodvitedeus) sowie die mit am Eingang mit kleinen Säulen besetzten Cubicula und die zahlreichen, mit Fresken ausgemalten Wandgräber.

Die Katakomben von San Gennaro

Museum und Nationalgalerie von Capodimonte

1

2

1) Tizian - Paolo Farnese II. mit Enkelkindern
2) Luca Giordano - San Francesco Saverio tauft die Enkelkinder und San Francesco Borgia

Das Nationalmuseum befindet sich im Palazzo Reale von Capodimonte, der im Jahre 1738 im Namen Karls von Bourbon errichtet wurde. Die Bauarbeiten zu diesem majestätischen Palast, der inmitten eines prächtigen, im englischen Stil gehaltenen Parks liegt, wurden erst im Jahre 1838 abgeschlossen; in der ersten Hälfte des XX. Jahrhundert wurde der Palast dann erweitert, um angemessenen Raum für die Sammlungen von unermeßlichem Wert zu bieten. Zusammen mit der Nationalgallerie gehören verschiedene kleinere Sammlungen, die Gemäldegalerie des neunzehnten Jahrhunderts, das Geschichtszimmer, Porzellan- und Keramiksammlungen, die Waffensammlung und der kleine Porzellansaal (Salottino della Porcellana) zum Museum. Das Museum beherbergte zunächst die Meisterwerke der Familie Farnese, die im Jahre 1731 als Erbstücke in den Besitz von Karl von Bourbon übergegangen waren. Später kamen zahlreiche weitere Kunstwerke hinzu, die größtenteils aus den Ankäufen weiterer Sammlungen stammten, sowie zahlreiche, aus Kirchen oder Stiftungen stammende Kunstgegenstände, so daß schließlich eine der größten und wichtigsten Kollektionen der Kunstgeschichte entstand. Besonders umfassend ist die Gemäldesammlung, die von sieben wertvollen Wandteppichen eröffnet wird, auf denen Episoden der Schlacht von Pavia dargestellt sind, die zwischen 1525 und 1531 von Bernart van Orley in der Brüsseler Manifaktur auf Karton vorgezeichnet worden waren. Die Säle des Museums beherbergen eine derartige Vielzahl an Kunstwerken, daß eine auch nur halbwegs umfassende Aufzählung an dieser Stelle unmöglich wäre. Neben dem majestätischen Altarbild von Simone Martini mit dem Hl. Ludwig von Toulouse, das im Jahre 1317 vom Meister aus Siena anläßlich der Krönung von Robert d'Anjou zum König von Neapel gemalt worden war, bewundern wir eine Kreuzigungsszene von Masaccio (1426-27), Teil eines wertvollen Polyptychons, eine im Stil des Rinascimento gemalte Gottesmutter mit dem Kinde und Engeln von Botticelli und schließlich das berühmte Bildnis des Luca Paciolo eines anonymen Künstlers aus dem Jahre 1495. In den Sälen, die sich der Malerei des XV. und XVI. Jahrhunderts widmen, nimmt die Heilige Familie mit dem Hl. Johannes zusammen mit zwei Bildnissen des Klemens VII. des venezianischen Meisters Sebastiano del Piombo eine Vorrangstellung ein. Der Emilianer Correggio ist mit einer wichtigen Sammlung vertreten, zu der unter anderem die berühmte 'Zigeunerin' gehört. Nach der 'Lucrezia' von Parmigianino bewundern wir eine eindrucksvolle 'Verklärung Christi' von Giovanni Bellini, die den Saal teilt, in dem weitere Hauptwerke von Lorenzo Lotto, Palma il Vecchio, El Greco und anderen

Meistern aufbewahrt werden. Von Tizian, der viele Arbeiten für die Familie Farnese ausführte, sind unter anderem drei Bildnisse von Papst Paul III., ein Bildnis des Kardinals Alessandro Farnese (1543) und die zarte 'Danae' (1545) zu sehen. Unter den flämischen Malern ist neben Pieter Bruegel mit der 'Parabel der Weisen' besonders Joos van Cleve zu erwähnen. Weiter geht die lange Aufzählung der berühmten Meister mit Namen wie Raffael, Michelangelo, Caravaggio, Rembrandt, Guido Reni, Luca Giordano und den Malern der neapolitanischen Schule von Gaspare Traversi.
Die gutausgestattete Galerie des Ottocento bietet uns prachtvolle Beispiele der italienischen Malerei (mit einer besonderem Präsenz der neapolitanischen Meister) sowie der ausländischen Malerei der Zeitepoche, während die großartige Porzellan- und Keramiksammlung mit dreitausend Exemplaren uns die Eleganz und Pracht der Wohnhäuser (und auch Speisezimmer) des Adels vom XVIII. bis zum XIX. Jahrhundert vor Augen führt. Besonders kunstvolle Stücke finden wir schließlich im 'kleinen Salon' der Königin Maria Amalia, der vollständig im Stile des Rokoko gehalten ist und über dreitausend Stücke aus feinstem Porzellan beherbergt.

1) Gigante - Amalfitanische Küste
2) Porzellanstücke

1

2

Achter Rundgang

Vomero

Vom archäologischen Nationalmuseum aus gehen wir über die Via Salvator Rosa. Auf der linken Straßenseite sehen wir das Krankenhaus 'Ospedale di Gesù e Maria' (mit der angeschlossenen gleichnamigem Kirche, gegründet im XVI. Jahrhundert). Dann erreichen wir die Piazza Mazzini, in deren Nähe eine andere Kirche aus dem siebzehnten Jahrhundert liegt, Santa Maria della Pazienza. Über die Via della Cerra und Via San Gennaro ad Antignano kommen wir auf die Piazza degli Artisti; von hier aus biegen wir links in die Via Luca Giordano und noch einmal links in die Via Alessandro Scarlatti ein, die sich durch das gesamte Viertel des Vomero zieht. Der Stadtteil, der sich gegen Ende des XIX. Jahrhunderts zum bevorzugten Wohnviertel der wohlhabenderen Neapolitaner entwickelte, erlebte in den Fünfziger und Sechziger Jahren einschneidende Veränderungen und wurde zu einem der chaotischsten und verkehrsreichsten Gebiete der Stadt. An die Stelle der eleganten Wohnhäuser der Belle Epoque traten nach und nach gewaltige, dicht nebeneinander gepflanzte Häuserblocks, und bei der Planung des Stadtbildes, insbesonders des Straßennetzes, blieb die zunehmende Bevölkerungsdichte so gut wie unberücksichtigt (auch wenn an der Peripherie neue Straßen angelegt wurden). Das Ergebnis war ein allgemeines Unbehagen, das insbesonders durch das hohe Verkehrsaufkommen begründet ist. Dennoch finden wir auf dem Vomero, der an die unterhalb liegenden Viertel über drei Zahnradbahnen verbunden ist, einige der wichtigsten Bauwerke Neapels, wie etwa das Castel Sant'Elmo, die Kartause von San Martino oder die in einem herrlichen Park liegende Villa Floridiana.

Das Floridiana-Museum

Cabaret - Porzellan deutscher Manufaktur (Ansbach XVIII. Jahrhundert)

Vase mit der Anbetung der Hl. drei Könige - Porzellan von Carlo Antonio Grue

Villa Floridiana

Die Villa, die in unmittelbarer Nähe der Zahnradbahnstation von Chiaia liegt, die uns vom unterhalb liegenden Corso Vittorio Emanuele den Vomero hinaufbringt, verdankt ihren Namen Lucia Migliaccio Partanna, Herzogin von Floridiana, zu deren Ehren sie zwischen 1817 und 1819 errichtet wurde. Die Entscheidung für den Bau dieser prächtigen Residenz war von Ferdinand I. von Bourbon, der mit der Herzogin im Jahre 1814 eine zweite Heirat eingegangen war, aus Gründen der 'Konvenienz' getroffen worden, da die morganatische Gattin des Herrschers, der der Königintitel versagt worden war, keinesfalls im Königspalast der Bourbonen residieren durfte. Um das Protokoll einzuhalten, kaufte Ferdinand I. auf dem Vomero-Hügel das große Grundstück, auf dem damals schon die herrliche Villa stand, die so zur Sommerresidenz der Herzogin wurde. Mit den Arbeiten der Erweiterung und Umgestaltung des Gebietes wurde der toskanische Baumeister Antonio Niccolini beauftragt, der schon die Umbauten am Palazzo Partanna in der Piazza dei Martiri vorgenommen hatte, einer anderen Residenz, die Ferdinand seiner zweiten Gattin vermachte. Besonderen Wert legte man auf die Anlage des großen Parkes, der über die sanften Abhänge des Hügels bis ans Meer hinabsteigt. So stehen wir heute in einem prachtvollen Park mit hochstämmigen Bäumen wie Steineichen, Platanen und Zedern, dessen wohl studierte Anlage ein bühnenbildgleicher Wechsel von offenen Rasenflächen, schattigen Laubwäldern, Gärten im englischen Stil, in denen im Frühling wunderschöne Kamelien blühen, schroff abfallenden Anhängen, breiten Alleen, theatralisch wirkenden Lichtungen und romantischen Wegen ist. Der Park bietet dem Besucher herrliche Aussichten (auf die Stadt, den Golf und bis zur nahegelegenen Insel Capri), aber auch kleine Tempel und jene malerischen Imitationen von Denkmälern, die allgemein 'Folies' oder auch 'Capriccio' genannt werden und oftmals auch in englischen Gärten anzutreffen sind. Der kleine Hauptpalast, der sich in seiner ganzen Pracht vor einer großen Rasenfläche am Ende der Hauptallee erhebt (und von Niccolini gegen Ende des XIX. Jahrhunderts teilweise umgebaut wurde), ist eine elegante Residenz im klassizistischen Stil, die in zahlreichen Details an die prachtvollen Villen von Pompeji erinnert. Nachdem der Bau, der heute Eigentum des Staates ist, während des zweiten Weltkrieges starke Schäden erlitten hatte, wurde er sorgfältig restauriert, da man hier das Nationalmuseum für Keramik Duca di Martino unterbringen wollte, eine der umfangreichsten Sammlungen, die sich ganz der dekorativen Kunst widmet, und die seit 1927 hier zu finden ist. Die Kollektion entstand zunächst aus der Passion des Sammlers Placido de Sagro, des Herzogs

Kelch und Leuchter aus dem XVIII. Jh. aus Bronze und Kristallglas von rocca

von Martino, der in der zweiten Hälfte des XIX. Jahrhunderts zahlreiche Stücke aus Prozellan und Majolika italienischer, europäischer und orientalischer Abstammung sowie Fabrikate aus Glas, Koralle, Elfenbein und anderen Materialien, die in der damals gängigen dekorativen Kleinkunst Verwendung fanden, zusammengetragen hatte. Später erweiterte sein Neffe, der Herzog von Marzi, die Sammlung, die zu Beginn des XX. Jahrhunderts schließlich an den Staat abgetreten wurde. Im Jahre 1978 wurde der Bestand erneut erweitert, als Riccardo de Sangro, Erbe der Familie des Herzogs von Martina, dem Museum eine umfangreiche, aus über fünfhundert Teilen bestehende Porzellan- und Majolika-Kollektion vermachte, die sein Vorfahre im XIX. Jahrhundert zusammen mit wertvollen Möbeln erworben hatte.
Unser Rundgang beginnt im Erdgeschoß der Villa in einem großen Atrium, in dem von einem unbekannten Maler des Ottocento stammende Bildnisse von Ferdinand I. von Bourbon sowie der Herzogin von Floridiana (Vincenzo Camuccini zugesprochen) ausgestellt sind. In den Sälen finden wir eine Majolika-Sammlung, unter der besonders die wundervollen Stücke im spanisch-maurischen Stil von Malaga und Valencia sowie italienische Keramikobjekte aus dem

Porzellan aus der 1771 von Ferdinand IV. von Bourbon gegründeten 'Königlichen Fabrik von Neapel'

Zusammenfaltbarer Fächer (1780) - Fächer aus Schildpatt und Pergamin Armreifen - Haarkämme

Uhr in Form eines Käfigs - vergoldete Bronze, glasiertes Kupfer und Porzellan (Schweiz)

XVI. Jahrhundert mit kunstvollen Dekors von Deruta, Gubbio, Faenza, Urbino, Cafaggiolo und Palermo und schließlich Exemplare aus dem siebzehnten Jahrhundert der Manufakturen von Venedig und der Abbruzzen zu bemerken sind. Im gleichen Stockwerk finden wir ebenfalls Schatullen und Kästchen mit Holzschnitzereien und italienischen, arabischen und byzantinischen Halbedelsteinen, Bilderrahmen aus Silber und Elfenbein, Gläser aus Murano und böhmisches Kristall aus dem XV. bis XVIII. Jahrhundert sowie Arbeiten aus Elfenbein und Emallie italienischer wie europäischer Herkunft aus dem Mittelalter und wertvolle Schnupftabakdosen.
Im ersten Stock treten wir zunächst in ein Vorzimmer mit dem Bildnis des Herzogs von Martina und dann in die Säle mit der Sammlung wertvoller Porzellanstücke, die vornehmlich aus dem siebzehnten Jahrhundert stammen. Neben der umfangreichen Kollektion der Exemplare aus der Meissener Fabrik bewundern wir gleichartig wertvolle Stücke aus den Manufakturen von Capodimonte, Venedig, Napoli, Chantilly, Sèvres und Vincennes. Weiter geht es nach Deutschland mit Porzellan aus Berlin, Niderviller und Frankenthal sowie nach Wien und Zürich, Wedgwood und Chelsea. Die große Anzahl der Gegenstände aus Hart- und Weichporzellan kommt über Teller, Tischgedecke, Spazierstöcke mit Knauf aus Porzellan und Horn, Medallions und Vasen bestens zum Ausdruck. Besonders interessant ist sicherlich die Sammlung der orientalischen Kunstwerke, eine der größten in Italien, mit über tausend Porzellanobjekten, die zwischen Japan und China gefertigt wurden. Im Souterrain der Villa und teilweise auch auf den ersten Stock verteilt finden wir die wertvollsten Stücke, darunter kunstvoll gearbeitetes blaues und weißes Porzellan aus China, das zur 'grünen Familie' und zur 'rosa Familie' gezählt wird, sowie eine kostbare chinesische Vase der sogenannten 'schwarzen Familie', Stücke aus der Ming- Dynastie, Elfenbein-, Emallie- und kleine Bronzearbeiten aus China und Indien.

Castel Sant'Elmo

Die Burg von Sant'Elmo wurde 1329 im Auftrag von Robert von Anjou und zum Teil vom Meister aus Siena, Tino di Camaino, errichtet, der gleichzeitig an der nahegelegenen Kartause von San Martino arbeitete. Das zwanzig Jahre später fertiggestellte mächtige Bauwerk wurde in der ersten Hälfte des sechzehnten Jahrhunderts jedoch auf Geheiß des Vizekönigs Pedro von Toledo vollständig umgebaut.
Das strenge, sternförmig angelegte Gebäude, das teilweise in den Tuffsteinfels des Vomero-Hügels gehauen ist, hat keine Wachtürme (wurde dafür aber ursprünglich von riesigen Kanonen geschützt, die an allen Ecken der Burg aufgestellt waren). Zur weiteren Verteidigung dienten ein tiefer Burggraben, der die Burg an drei Seiten umgibt, sowie einige kleinere Festungen, die in verschiedenen Zeitepochen angebaut worden waren. Das Kastell wurde im Laufe der

Blick auf Castel Sant'Elmo

Jahrhunderte aufgrund seiner strategisch wichtigen Lage der Schauplatz von Ereignissen, die, angefangen von der Belagerung durch die Truppen der Königin Johanna I. im Jahre 1348 bis zum Masaniello-Aufstand drei Jahrhunderte später, für die Geschichte Neapels von grundlegender Bedeutung waren.

Die Kartause von San Martino

Das Kartäuserkloster wurde zwischen 1325 und 1368 im Auftrag Karl von Anjous errichtet. Die Klosterkirche, die 1368 eingeweiht und gegen Ende des XVI. Jahrhunderts von Grund auf umgebaut wurde, ist ein herrliches Beispiel für den neapolitanischen Barock. Der Innenraum hat ein einziges Kirchenschiff und Seitenkapellen, die im XVI. Jahrhundert anstelle des ursprünglich vorhandenen rechten und linken Seitenschiffes angebaut wurden. Die prachtvolle Marmorausstattung, die zwischen dem auslaufenden XVI. Jahrhundert und dem Beginn des XVII. Jahrhunderts nach Plänen des toskanischen Meisters Giovanni Antonio Dosio entstanden, wurde im Verlauf des siebzehnten Jahrhundert mehrmals verändert und verschönert. Das sicher berühmteste Kunstwerk der Kirche, die großformatige 'Grablegung' (1838) von Massimo Stanzione (der mit

Das Kartäuserkloster von San Martino: der Kreuzgang

1

2

1) Das Kartäuserkloster von San Martino: Innenraum
2) Das Kartäuserkloster von San Martino: Blick auf den großen Kreuzgang
3) Museum San Martino: Königskarosse

zahlreichen anderen Werken vertreten ist), hängt in der Nähe des Portals; gleichartig prachtvoll sind aber auch, in den Arkaden der Seitenkapellen, die 'Zwölf Propheten', die in der ersten Hälfte des XVII. Jahrhunderts von Spagnoletto verewigt wurden. Unter den zahlreichen Künstlern, die an der Ausschmückung des Cotteshauses beteiligt waren, sollen besonders Guido Reni (von dem die unvollendete 'Geburt Christi' auf der hinteren Wand des Presbyteriums stammt), Battista Caracciolo (mit wunderschönen Fresken im Gewölbe der drit-

3

ten Kapelle, die Geschichten aus dem Leben Marias darstellen und einem ebenso schönen Fußwaschbecken am der linken Wand des Presbyteriums), Luca Giordano (dem wir den 'Triumph der Judith' auf der Decke der 'Cappella del Tesoro' verdanken) und schließlich Carlo Maratta und Francesco Solimena erwähnt werden. Von der Kirche aus gelangen wir durch den angrenzenden Kreuzgang (Chiostro dei Procuratori) in den wunderschönen Garten des Kartäuserklosters, in dem wir die herrliche Aussicht genießen.

Das Nationalmuseum San Martino

Das Nationalmuseum, das sich in der Räumen des gleichnamigen Kartäuserklosters befindet, unterteilt sich in mehrere Abteilungen, darunter die Gemäldegalerie und die Skulpturensammlung.
In der ersten Sektion, der Schiffesammlung, bewundern wir Modelle von Schiffen und Booten aus der Zeit vom XVII. bis zum XIX. Jahrhundert. Von hier aus kommen wir in die Säle mit den Erinnerungsstücken an die Geschichte des Königsreichs von Neapel. Im ersten Saal wäre besonders die sog. Strozzi-Tafel zu erwähnen, die Mitte des fünfzehnten Jahrhunderts entstand und neuerdings Francesco Roselli zugeschrieben wird. Auf der mit Tempera ausgemalten Tafel ist die triumphale Rückkehr der spanischen Flotte von Ferrante der Aragonier nach der Schlacht von Ischia gegen die Anjou (1465) dargestellt. Im Hintergrund sehen wir eine realistische zeitgenössische Darstellung der Stadt Neapel aus dem XV. Jahrhundert, die ein wichtiger Beleg für die Kenntnis des ursprünglichen Stadtbildes ist. In den nachfolgenden Sälen sind neben verschiedenen Kunstgegenständen (Geldschränke, Keramiken, Drucke, Medaglien, persönliche Gegenstände der Herrscher Neapels, Vasen, Waffen u.a.) die Bildnisse berühmter Persönlichkeiten und Könige der neapolitanischen Geschichte (besonders zahlreich vertreten sind Bildnisse der Mitglieder der Familie Bourbon, darunter eine wertvolle Kopie Karls III. nach einem Original von Goya, das Bildnis des Admirals Nelson und mehrere Werke, die Joachim Murat gewidmet sind, wie das seiner Hochzeit mit Karoline Bonaparte) sowie Gemälde mit der Darstellung der wichtigsten an die Stadtgeschichte gebundenen Episoden (der Masaniello- Aufstand, die Schlacht von Leipzig, die Eroberung der Stadt

1

2

1) Salvatore Fergola - Einweihung der Bahnlinie Neapel - Portici
2) Die Strozzi-Bildtafel - Der Hafen von Neapel

durch Johannes von Österreich, die Einweihung der Eisenbahn Neapel-Portici, Garibaldi am Volturno-Fluß) und mehrere Landschaftsveduten zu sehen. Vom letzten Saal dieser Sektion aus kommen wir auf den Aussichtspunkt (Belvedere), von wo aus wir eine einmalig schöne Sicht auf Neapel und den Golf geniessen können, bevor unser Rundgang uns weiter in den der neapolitanischen Topographie gewidmeten Abschnitt des Museums führt. Hier können wir einige antike Karten der Stadt studieren, darunter den berühmte Stadtplan des Franzosen Antion Lafréry aus dem Jahre 1566, aber auch Gemälde der unterschiedlichsten Epochen, die Ansichten Neapels und anderer Orte Kampaniens zeigen. In anderen Räumen, die einst zum den Gemächern des Priors der Kartäuser gehörten und von großartigen Fresken aus dem XVIII. Jahrhundert geschmückt sind, befindet sich die Abteilung, die sich den neapolitanischen

Domenico Gargiulo - Der Masaniello-Aufstand

Festen und Sitten widmet; hier finden wir neben typischen Kleidern und Kostümen der Epoche eine Reihe graziöser Aquarelle aus dem siebzehnten Jahrhundert, die allesamt die Pulcinella-Maske, das berühmte Wahrzeichen der Stadt, zeigen. Weitere Bilder aus dem XVIII. und dem XIX. Jahrhundert widmen sich den volkstümlichen Festen (der Karneval von 1711, das Fest der Madonna dell'Arco, der Jahrmarkt von San Germano).
Besonders zu erwähnen ist auch die Krippenausstellung mit ihren wertvollen Figuren und antiken Krippenszenen, die überwiegend aus dem XVIII. Jahrhundert stammen. Zu dieser Kunstgattung, die eng mit der neapolitanischen Tradition verbunden ist und der sich im Laufe der Zeit zahlreiche Künstler und Handwerker widmeten, gehören auch die beiden seltensten Stücke der

1

2

3

1) Jacob Philippe Hackert - 'Varo della Partenope a Castellammare'
2) Candido Francesco Saverio - Bildnis von Cimarosa
3) Skulpturen aus dem XIII. Jahrhundert - 'Die Kardinaltugenden'

Sammlung: die Cuciniello-Krippe mit über zweihundert kunstvoll gefertigten Figuren und Tieren und die Ricciardi-Krippe mit etwa einhundert minuziös geschnitzten und bemalten Figuren. Hier finden wir auch die vielleicht kleinste Krippe der Welt aus dem neunzehnten Jahrhundert, die ganz in einer Eierschale eingeschlossen ist. In einige der Säle dieser Abteilung, die dem neapolitanischen Theater gewidmet sind, können wir u. a. einige interessante Gemälde sehen, die das Theater San Carlo vor dem Brand darstellen, der im Jahre 1816 den Theatersaal und andere Gebäudeteile vollkommen zerstörte. Bevor wir die Bildergalerie besuchen, gehen wir durch den breiten Kreuzgang des Klosters, der von einem prachtvollen Portikus umgeben ist, welcher gegen Ende des XVI. Jahrhunderts von Giovanni Antonio Dosio angelegt wurde. Der Kreuzgang wurde im nachfolgenden Jahrhundert teilweise durch den Baumeister Cosimo Fanzago aus Bergamo umgebaut, dem wir einen Großteil der eleganten Ausschmückung sowie die Einfassung des Friedhofs verdanken. In den Sälen

der umfangreichen Gemäldesammlung werden Bilder der verschiedensten Epochen und Sujets aufbewahrt. Stellvertretend aufgezählt werden sollen hier nur eine 'Epiphanie' der griechischen Meister Angelo und Donato Bizamano (XVI. Jahrhundert), eine 'Seeszene' von Salvatore Rosa aus dem siebzehnten Jahrhundert, das 'Bildnis der Sabinerinnen' von Luca Giordano, die 'Die Teile der Welt' von Ribera (ein Motiv, das im gleichen Saal auch in der Interpretation von Luca Giordano gezeigt wird), eine herrliche 'Landschaft' von Alessandro Magnasco, das kunstvolle Selbstbildnis von Francesco Solimena sowie zahlreiche Stilleben und Gemälde mit Tier-, Blumen- und Pflanzenmotiven der neapolitanischen Künstler Tommaso Realfonso und Baldasarre De Carro und des flämischen Malers Bruegel. Den neapolitanischen Meistern der zweiten Hälfte des Ottocento (darunter besonders erwähnenswert Domenico Morelli und Vincenzo Gemito) sind zwei ganze Säle gewidmet. Es folgen die letzten Säle des Museums mit Portraits und Veduten (das 'Bildnis des Baumeisters Chelli' von Gaetano Forte, ein 'Portrait' von Filippo Palizzi, eine 'Landschaft' von Giuseppe Palizzi, ein 'winterlicher Sonnenuntergang' von Federico Rossano und schließlich der 'Landseelsorger' von Marco De Gregorio).
Der den Skulpturen gewidmete Abschnitt umfaßt zahlreiche Werke und eine breite Zeitperiode. Aus dem I. Jahrhundert n. Chr. stammt eine römisches Grabstätte, die in den nachfolgenden Jahrhunderten in zahlreichen Grabdenkmälern aufgegriffen wurde, während die prachtvollen Skulpturen des Tino di Camaino aus dem Trecento stammen, der im Verlauf der ersten Hälfte

Skulpturen aus dem XIII. Jahrhundert

dieses Jahrhunderts oftmals in Neapel tätig war. Unser Besuch endet schließlich in den Sälen der Kleinkunst, in denen verschiedene Kunstgegenstände gezeigt werden. Eine besondere Erwähnung verdient die Gläsersammlung (mit kunstvollen Stücken aus dem fünfzehnten Jahrhundert aus Murano sowie aus anderen italienischen und europäischen Manufakturen des sechzehnten Jahrhunderts), die Kollektion der Spiegel, die Stücke aus dem achtzehnten Jahrhundert der Königlichen Porzellanfabrik von Napoli und Sèvres sowie die Schmuckstücksammlung. Unter den Erinnerungsstücken des Kartäuserklosters sind die minuziös verzierten Antiphonalien aus dem sechzehnten Jahrhundert besonders erwähnenswert.

Neunter Rundgang

Piazza Municipio und Corso Umberto I

Von der Piazza del Municipio aus führt uns die Via Depretis zunächst auf die Piazza Giovanni Bovio, in deren Mitte eine schöner Neptunbrunnen steht. Der gegenüberliegende Palazzo della Borsa (Börse) wurde gegen Ende des XIX. Jahrhunderts errichtet. Zu diesem Gebäude gehört die im VII. Jahrhundert gegründete Kapelle Sant'Aspreno al Porto. Der Platz ist gleichzeitig Anfang des Corso Umberto I., einer breiten Hauptverkehrsstraße, die im letzten Jahrzehnt des vorigen Jahrhunderts angelegt wurde und wegen ihres 'schnurgeraden' Verlaufs auch unter dem Namen 'Rettifilo' bekannt ist. Auf der linken Seite steht die alte Kirche San Giovanni Maggiore, gegründet im IV. Jahrhundert und umgebaut im XVII. und im XVIII. Jahrhundert, deren Grundriß dem einer Basilika des vorchristlichen Zeitalters entspricht. Unweit hinter dem Gotteshaus steht das große Universitätsgebäude (1897 - 1908), das sich aus der 1224 von Friedrich II. von Staufen gegründeten 'allgemeinen Universität' entwickelt hat. Die nahegelegene Chiesa del Gesù Vecchio wurde auf den Grundmauern einer vorher existierenden Kirche gebaut. Im mit polychromem Marmor ausgestatteten Inneren der Kirche finden wir interessante Gemälde, darunter die

1) Piazza Municipio - 2) Corso Umberto I und Piazza Borsa

1

2

Darstellung des Hl. Alois, die Giovanni Battista Caracciolo zugeschrieben wird. Auf der rechten Straßenseite hingegen liegt San Pietro Martire mit wertvollen Gemälden aus dem XIV., XV. und XVI. Jahrhundert, darunter der berühmten Bildtafel des neapolitanischen Meisters Nicolò Colantonio aus dem fünfzehnten Jahrhundert, die Vincenzo Ferreri darstellt. Wir überqueren den Nicola Amore-Platz, der aufgrund der vier hier liegenden baugleichen Paläste auch 'Piazza dei Quattro Palazzi' genannt wird, und erblicken auf der linken Straßenseite Sant'Agostino della Zecca, eine schöne Kirche aus dem XIV. Jahrhundert, die bis zum Jahre 1761 allerdings mehrmals umgebaut wurde. Im Inneren des Gotteshauses können wir eine prächtige Marmorstatue, die 'Jungfrau mit dem Kinde' von Francesco Laurana bewundern. Nicht weit hinter Sant'Agostino liegen zwei andere Kirchen: Santa Maria Egiziaca (nicht zu verwechseln mit der gleichnamigen Kirche von Pizzofalcone) aus dem siebzehnten Jahrhundert und, auf derselben Straßenseite, Santa Maria Annunziata (gegründet im XIV. Jahrhundert), die ihre herrlichen Formen einem unter Luigi Vanvitelli in der zweiten Hälfte des XVIII. Jahrhunderts durchgeführten Umbau verdankt. Fast am Ende von Corso Umberto liegt ebenfalls auf der linken Straßenseite die Kirche von San Pietro ad Aram; sie soll genau an der Stelle errichtet worden sein, an der der Hl. Petrus den Hl. Asprenus bekehrte und zum ersten Bischof von Neapel weihte.

Piazza del Mercato (Marktplatz)

Im alten Stadtviertel, das sich rechts vom Corso Umberto I. erstreckt, liegt die Piazza del Mercato (Marktplatz) mit zwei schönen Obeliskbrunnen. Zu einer eher traurigen Berühmtheit gelangte dieser Platz, da er zahlreiche Exekutionen mitansehen mußte, unter anderem die Konradins von Staufen im Jahre 1268. Anfang Juli des Jahres 1647 wurde der Platz dann Zeuge der ersten von Masaniello geleiteten Volksaufstände, dessen Geburtshaus gleich hinter der Piazza liegt. Während des zweiten Weltkrieges wurde der Marktplatz mitsamt der umstehenden Denkmäler dann fast vollständig durch Bombenangriffe zerstört. Auf der Nordseite erkennt man die schöne, mit Majolika-Fliesen bedeckte Kuppel von Santa Croce al Mercato aus dem Jahre 1786, während auf der Westseite San Eligio aus dem zwölften Jahrhundert zu sehen ist, die für den Bogen aus dem XV. Jahrhundert, der die Kirche mit dem Glockenturm verbindet, berühmt ist.

Santa Maria del Carmine

Nicht unweit von der Piazza del Mercato liegt die Piazza del Carmine, auf deren linken Seite sich würdevoll die Basilika Santa Maria del Carmine erhebt. Die wahrscheinlich im XII. Jahrhundert gegründete Kirche wurde zu Beginn des XIV. Jahrhunderts im Auftrag von Elisabeths von Bayern, der Mutter Konrads von Staufen, die hier zusammen mit dem Herzog von Österreich, Friedrich von Baden, seinem Neffen und Schicksalsgefährten, begraben ist, welcher zusammen mit dem Herzog im Oktober des Jahres 1268 auf der Piazza Mercato auf Befehl Karls I. von Anjou enthauptet wurde, erweitert und umgebaut. Weitere Umbauten (die insbesonders die Fassade betrafen) wurden zwischen dem XVII. und dem XVIII. Jahrhundert vorgenommen. Rechts neben der Basilika steht ein imponierend hoher Glockenturm aus dem fünfzehnten Jahrhundert, der Mitte des XVII. Jahrhunderts eine mit Majolika-Fliesen bedeckte Kuppel bekam. Über den Bogengang im Zentrum gelangen wir in den Kreuzgang des an die Basilika angeschlossenen Klosters; hier bewundern wir die schönen, aus dem fünfzehnten und sechzehnten Jahrhundert stammenden Fresken im Gewölbe und auf den Wänden eines Portikus. Das Innere der Basilika mit einem Kirchenschiff und Seitenkapellen ist kunstvoll mit Arbeiten aus buntem Marmor ausgestattet, die durch verschiedene Künstler des siebzehnten und achtzehnten Jahrhunderts gestaltet wurden. Besondere Aufmerksamkeit kommt der Kanzel in der ersten Kapelle von rechts zu, die genau da aufgestellt wurde, wo der Hauptmann Masaniello seine Ansprache an das Volk hielt, kurz bevor er wegen Verrats im

Kloster hingerichtet wurde. In der Basilika del Carmine ist daher auch das Grabmal des Volkshelden, auch wenn die genaue Lage bis heute ungewiß ist, da sie seinerzeit dem Volk nicht bekanntgegeben wurde. In der gleichen Kapelle befindet sich auch ein wertvolles Gemälde von Mattia Preti, das die Gottesmutter mit dem Hl. Simon darstellt. Im Bogen des Querschiffes befindet sich ein Holzkreuz aus dem vierzehnten Jahrhundert, das seit dem XV. Jahrhundert als wunderbringend angebetet wird. Ein weiteres Holzkruzifix, diesmal aus dem XV. Jahrhundert, wird in der linken Kapelle des Querschiffes aufbewahrt, die ebenfalls durch eine Francesco Solimena zugeschriebene Kreuzigungsszene geschmückt wird. Im Chor der Kirche finden wir eine kleine Bildtafel, die aus dem XIV. Jahrhundert stammt und die Madonna Bruna darstellt. Die Ikone, die von den Neapolitanern innig verehrt wird, stammt aus der gleichen kleinen Kirche, auf deren Grundmaueren die heutige Basilika errichtet wurde. In der Sakristei, die mit Fresken aus dem XVIII. Jahrhundert ausgemalt und mit dem Kloster über eine schmale Wendeltreppe verbunden ist, können wir ein Gemälde aus dem sechzehnten Jahrhundert bewundern, das die Wunderwirkung des im Querschiff ausgestellten Kreuzes darstellt. Im der links vom Kirchenschiff liegenden vierten und fünften Kapelle finden wir das Denkmal Konradins von Staufen, das Maximilian von Bayern in die Basilika bringen ließ.

Chiesa del Carmine

Piazza Garibaldi

Von Santa Maria del Carmine aus gelangen wir über Piazza Pepe auf Corso Garibaldi, eine breite Allee, die geradlinig verläuft, um kurz vor der Station Circumvesuviana in die Piazza Nolana überzugehen. Auf der rechten Seite finden wir das gleichnamige Tor, neben dem zwei Türme stehen, die den Glauben und die Hoffnung darstellen. Im Bogen des Tores, das im XV. Jahrhundert in die Stadtmauer eingelassen wurde und trotz der bewegten Geschichte der Stadt und der zahlreichen Bombenangriffe, die sich besonders auf dieses Viertel richteten, unversehrt geblieben ist, sehen wir ein Basrelief, das Ferdinand I. von Aragonien darstellt. Wenn wir weiter Corso Garibaldi entlangehen, erreichen wir bald auch den gleichnamigen, großen Platz, der in unserem Jahrhundert angelegt wurde. Hier finden wir auch das Denkmal des florentinischen Bildhauers Cesare Zocchi, 'die Helden der beiden Welten', das dieser im Jahre 1904 schuf. Der vor dem Platz liegende Hauptbahnhof wurde zwischen 1959 und 1970 gebaut.

Piazza Ferrovia

Piazza Carlo III

Von Piazza Garibaldi aus führt uns Corso Garibaldi bald auf den nach Karl III. benannten Platz mit dem großen 'Hotel der Armen' (Albergo dei Poveri). Das zwischen 1751 und 1829 errichtete Gebäude sollte nach den ursprünglichen Plänen Karls von Bourbon noch wesentlich größer werden, um die Waisen und Alten der Stadt aufzunehmen.

Botanischer Garten

Der große, Anfang des XIX. Jahrhunderts von Giuseppe Bonaparte angelegte Park, liegt links von Albergo dei Poveri. Neben zahlreichen Heilkräutern und Pflanzen finden wir in diesem schönen Park Becken zur Zucht von Wasserpflanzen, Gewächshäuser und das Botanische Institut mit einer interessanten alten Käuterrezeptsammlung und einer gut sortierten Fachbibliothek.

Umgebung

Der Vesuv

Den Ursprung des einzigem auf dem europäischen Festland tätigen Vulkans, der das unbestrittene Wahrzeichen für Neapel und ganz Kampanien ist, führen Wissenschaftler auf etwa zwölftausend Jahre zurück, als seismische Umwandlungsprozesse der Erdkruste einen vorher bestehenden Vulkan in das Gebilde verwandelt haben sollen, das viele Jahrhunderte später zum heutigen Vesuv wurde. Danach folgte einer Serie anfänglicher Ausbrüche, etwa ab dem VIII. v. Chr., eine Zeit der relativen Inaktivität. Es wird angenommen, daß der Vesuv zur damaligen Zeit mit etwa 2000 Metern wesentlich höher war als heute (ca. 1270 Meter) und daß seine heute größtenteils kahlen Hänge einst mit einer üppigen, für die Mittelmeer-Macchia typischen Vegetation bewachsen waren. Die ersten geschichtlich gesicherten Aktivitäten des Vesuvs bringen uns nach einem gewaltigen Erdbeben im Jahre 63 n. Chr., das ganz Kampanien erschütterte, in das Jahr 79 n. Chr. zurück, dem Jahr eines fürchterlichen und dramatischen Ausbruches, als Pompeji und Herkulaneum unter der Asche und dem Schlamm des Vulkans begraben wurden.
Genau sechzehn Jahre später wurde ein weiterer fürchterlicher Ausbruch, der später von Plinius dem Jüngeren beschrieben wurde, erneut von starken seismischen Stössen angekündigt, die fast unmittelbar darauf von einer gewaltigen Explosion gefolgt waren. Das glühende Magma und die unter hohem Druck

Luftaufnahme des Gebietes um den Gran Cono

1

2

1-2) Touristengruppe vor dem Gran Cono

stehenden Gase durchbrachen den unterirdischen Kanal und traten in Form von heißem Schlamm, Lava, Gestein, Giftgas und Asche mit einer derartigen Gewalt aus dem Vesuv, daß ein Hang des Berges geradezu zermalmt und die gesamte Umgebung von Tod und Zerstörung heimgesucht wurde. Die Wissenschaftler sind der Ansicht, daß die heutige Form des Vesuvs ihren Ursprung in jenem Ausbruch habe. Weitere, wenn auch weniger starke Eruptionen, folgten bis ins XVI. Jahrhundert, als man davon ausging, der Vulkan habe seine Aktivitäten eingestellt. Doch im Jahre 1631 folgte ein weiterer, umso gewaltigerer Ausbruch, der Tausende von Menschenleben forderte und nicht erfaßbare Schäden anrichtete. Inaktivität und Eruptionen wechselten sich bis zum Anfang des XX. Jahrhunderts ab, als eine erneute Eruption folgte, die die Gestalt des Vesuvs partiell veränderte. Der letzte gewaltige Ausbruch ereignete sich im Jahre 1944. Auf der Spitze des Vesuvs bildete sich ein großer Krater, der vollkommen mit gelber Asche bedeckt war.

3) Die Seilbahn

4) Der Gran Cono

3

4

Pompeji

Die Ursprünge dieser Stadt des Altertums, die an den Hängen des Vesuvs lag, führen auf eine von Oskieren und kampanischen Stämmen gegründete Ansiedlung zurück. Dank seiner günstigen geografischen Lage entwickelte sich Pompeji in kurzer Zeit. Die Stadt, die zunächst unter der Vorherrschaft der Etrusker und dann der Einwohner von Cumae stand, wurde schließlich, im Jahre 89 v. Chr., römische Kolonie. Dieser totale Verlust der Autonomie bedeutete für die Stadt dennoch den Beginn außerordentlicher Blüte, die sowohl in der Wirtschaft und im Bauwesen als auch in der Kunst zum Ausdruck kommen sollte. Doch diese Zeit der Blüte wurde im Jahre 63 n. Chr. plötzlich unterbrochen, als ein gewaltiges Erdbeben ganz Kampanien heimsuchte und Pompeji schwer beschädigte. Dennoch konnte sich die Stadt von dieser Katastrophe bald erholen, da die Arbeiten zum Wiederaufbau (vor allem der privaten Bauten), geprägt von der Absicht, die einstige Blüte wiederzuerlangen, fast sofort nach dem schrecklichen Ausbruch begonnen wurden. Doch der 24. August des Jahres 79 n. Chr. bedeutete mit einer erneuten gewaltigen Eruption des Vesuvs das unglückliche Ende der Stadt. Pompeji, das sich wie nach einer tragischen Ironie des Schicksals genau auf einem Fluß von Lava entwickelt hatte, der sich Jahrtausende vor der Existenz des Vesuvs gebildet hatte, wurde abermals von einer gigantischen Wolke aus giftigen Gasen, Asche und glühendem Gestein

1) Foro Civile: Westseite des Wandelgangs

1

aufgesucht, und seine Einwohner und Bauten wurden unter einer über sieben Meter hohen Schicht von Asche und Schlamm begraben. Die Stadt, die durch die zerstörerische Wut des Vulkans geradezu von der Landkarte ausradiert worden war, ruhte bis zum Jahre 1748, als die ersten Ausgrabungen stattfanden, unter der Erde. Bei den bis heute noch nicht abgeschlossenen Ausgrabungen der Archäologen konnten von der Fläche, die die Stadt zur Zeit des letzten, katastrophalen Ausbruchs einnahm, über sechzig Hektar ans Tageslicht gebracht werden.
Pompeji war eine vollkommen von einer Ringmauer eingeschlossene, dicht besiedelte und belebte Stadt mit zahlreichen Gasthöfen und Wirtschaften, mehreren Poststationen (die vor allem in der Nähe der Stadttore lagen), Geschäften (deren Waren auf einigen ausgegrabenen Schildern angepriesen werden), Privathäusern (die ältesten und schlichtesten Bauten stammten aus dem IV. Jahrhundert v. Chr., während die luxuriöseren und prachtvoll ausgeschmückten Gebäude auf das I. Jahrhundert n. Chr. zurückführen) und großzügigen öffentlichen Bauwerken (Tempel, eine Basilika, Thermalbäder, Markthalle, Theater, die Gebäude des Forums). Weitere Belegstücke des einstigen Reichtums, der Kunst und der Kultur der Stadt sind im neapolitanischen Nationalmuseum für Archäologie zu finden, in dem Fresken, Mosaike, Skulpturen und kunstvolle Gegenstände aus dem signorilen Residenzen mit den suggestiven Namen (Haus des Faunus, der Goldputten, des Epheben, des Labyrinths, nicht zu vergessen die an der Peripherie der Stadt gelegene Villa dei

2) Das Foro (Ausschnitt)
3) Das Amphitheater

2

3

Mühle und Ofen

Casa di Lucrezio Frontone (Ausschnitt)

Misteri) aufbewahrt werden, die von ihrer oft unglaublichen Eleganz und ihrer eindrucksvollen Pracht nichts verloren haben.

Abdruck einer in einem Garten gefundenen Leiche

Villa dei Misteri: Die Erschrockene'

Auf Seite 89: Casa della Grande Fontana (Haus des großen Brunnens)

Capri

Die kleine Insel Capri, die fast ausschließlich aus Kalkgestein besteht, ist in der ganzen Welt für die Schönheit der Natur, der Blauen Grotte, der Faraglioni-Felsen, des Arco Naturale (Naturbogen), ihrer malerischen Klippen mit den phantasievollen Namen, der oftmals mit antiken Wachtürmen besetzten Inselspitzen, der kleinen Buchten mit kristallklarem Wasser, ihrer herrlichen Aussichtspunkte, dem mondänen Leben auf der berühmten 'Piazzetta' und ihrer zahlreichen und wertvollen Monumente berühmt. Zu den ältesten Zeugen ihrer Geschichte gehören die imponierenden Bäder des Tiberius, die prachtvollen Residenzen der kaiserlichen Familie sowie die Villa Damecuta und die Villa Jovis. In der Stadt Capri ziehen die Kathedrale Santo Stefano aus dem siebzehnten Jahrhundert, das große Kartäuserkloster San Giacomo aus dem XIV. Jahrhundert und die beindruckende Villa Krupp Besucher aus aller Welt an. In Anacapri schließlich, das inmitten von Weinbergen und Olivenhainen liegt und mit Marina Grande über eine alte Steintreppe verbunden ist, befindet sich die herrliche Villa San Michele, in der der schwedische Arzt und Schriftsteller Axel Munthe zahlreiche Fundstücke aus der Antike zusammengestellt hat.

Die 'Faraglioni' - Felsen

Ischia

Die größte der neapolitanischen Inseln besteht fast ausschließlich aus vulkanischem Gestein, auf dem sich eine üppige Vegetation entfalten konnte, die der Insel den Beinamen 'Isola Verde' gegeben hat (auch in der semitischen Bedeutung steht 'Ischia' für 'grüne Insel'). Der größte Ort der Insel, die sowohl wegen des kristallklaren, türkisfarbenen Meeres und der schönen Strände berühmt als auch für die therapeutische Wirkung ihrer Mineralquellen bekannt ist, die Stadt Ischia, unterteilt sich in das ältere Ischia Ponte, wo Alfons von Aragonien im XV. Jahrhundert auf einer kleineren Insel ein Kastell errichten ließ, und das moderner, touristischere Ischia Porto. Weitere interessante Orte sind Casamicciola, eines der ältesten und renommiertesten Thermalbäder der Insel, Lacco Ameno, ein Bade- und Thermalort, der für den dem Strand vorgelagerten pilzförmigen Felsen bekannt ist und Forio, in dessen nächster Nähe die große Thermal- und Badeanlage der Gärten des Poseidon (Giardini Poseidon) sind.

Ansicht des Hafens

Procida

Besonderes Kennzeichen der nicht unweit von Ischia gelegenen Insel Procida, deren unregelmäßige Form auf vulkanischen Ursprung zurückzuführen ist, sind die hohen, senkrecht ins Meer abfallenden Felsen, die weiten Buchten mit schönen Stränden und das schroffe Vorgebirge und romantischen kleinen Buchten, die von einer grünen Vegetation eingerahmt werden. Procida, das vielleicht weniger bekannt ist als die berühmteren Schwesterinseln Capri und Ischia, dafür aber mit einer umso herrlicheren Natur aufwarten kann, ist ein einziger großer Garten, in dem Zitrusfrüchte und Weinreben, die hier in fruchtbarem Boden und mildem Klima gedeihen. Der größte Ort der Insel ist das friedliche, malerische Procida, auf einer Landzunge gelegen, die sich zwischen Marina Grande (der größte Hafen der Insel) und Marina Corricella (eine weite Bucht zwischen den Inselspitzen Punta Monaci und Punta Pizzaco) ins Meer streckt. Seines Kastells, das in ein Gefängnis umgewandelt wurde, praktisch beraubt, hat Procida immerhin die nahegelegene Kirche von San Michele zu bieten, die u. a. wegen eines prachtvollen Gemäldes von Luca Giordano aus dem siebzehnten Jahrhundert eine der wichtigsten Anziehungspunkte für Kunstliebhaber geworden ist. Über eine Straße mit unvergleichlichen Aussichten kommt man im Süd-Osten nach Marina di Chiaiolella, eine bezaubernde Bucht, an deren Ausläufer, der Felsspitze von Palombara, die Ruinen der antiken Kirche von Santa Margherita Vecchia zu bewundern sind.

Der Hafen

Die phlegräischen Felder (Campi Flegrei)

Der Name (wörtlich: 'glühende Felder') steht für eine weite Fläche, die sich zwischen dem Fluß Sebeto, Capo Miseno und Cumae ausdehnt. In diesem Gebiet vulkanischen Ursprungs liegen flache Hügel mit einem fruchtbaren Boden, auf dem eine üppige Vegetation sprießt, mehrere kleine Seen und einige geologisch besonders interessante Orte (wie die sog. 'Solfatara di Pozzuoli'); an der Küste der phlegräischen Felder finden wir rauhe Felsen und malerische Buchten. Schon die alten Römer wurden von der besonderen Faszination dieser Gegend angezogen und gründeten hier Thermalbäder und Ferienorte (wie Agnano oder das noch bekanntere Baia). Von den großartigen Bauten (z.B. dem Amphitheater Flavia in Pozzuoli) sind zahlreiche Überreste erhalten.

1

1) Der glühende Sand der 'Solfatura'
2) Das Anfiteatro Flavio (gebaut im I. Jahrhundert n. Chr. zur Zeit des Kaisers Vespasian)

2

Sorrent

In einer bezaubernden Lage, auf einem natürlichen Felsvorsprung hoch über dem Meer, erfreut sich Sorrent eines besonders milden Klimas, das den Ort zusammen mit den unvergleichlich schönen kleinen Buchten und Landeinschnitten zu einem Urlaubsort gemacht hat, der schon zur Zeit der alten Römer bekannt war. Romantische Felstreppen und schmale Straßen führen zum Hafen und den beiden Orten Marina Piccola und Marina Grande, die zwischen Olivenhainen und Zitronenhainen auf den türkisblauen Wasserspiegel blicken. Im berühmtesten Bauwerk der Stadt, dem in einem herrlichen Park eingebetteten Palazzo Correale di Terranova, sind kunstvoll gefertigte Gegenstände des örtlichen Handwerks, darunter wunderschöne Einlegearbeiten, ausgestellt.

Badeanlage und Hafen

Die amalfitanische Küste

Die in der ganzen Welt für ihre einmalige Schönheit bekannte Costiera Amalfitana zieht sich mit ihren zauberhaften, von den Wellen des Meeres umspülten Felsausläufern von Sorrent nach Salerno. Die rauhe Landschaft, die manchmal von malerischen Tälern, atemberaubenden Grotten und herrlichen Stränden unterbrochen wird, hat über dem Meer für weite Terrassen mit Reben, Oliven und Zitrusfrüchten sowie für eine spontan sprießende Vegetation Platz gelassen, die den perfekten Rahmen für die romantischen Ortschaften der Küste bildet. Neben Amalfi und Ravello, die dank ihrer glorreichen Vergangenheit kunstvolle Bauwerke, aber auch eine unvergleichliche Natur zu bieten haben, stellen die weniger bekannten, dafür aber gleichsam attraktiven Orte wie Positano, Praiano, Conca dei Marini, Atrani, Maiori und Minori die Perlen der amalfitanischen Küste dar.

Panoramaansicht und der Dom

INHALTSVERZEIHNIS

Text: Claudia Converso
Umbruch: Renzo Matino - Schio
Übersetzungen: ABA - Mailand
Druck: KINA ITALIA S.p.A. - Mailand